TO IMPLEMENT

实战打造
智慧幼儿园

曹秋良 著

A SMART
KINDERGARTEN

新华出版社

图书在版编目（CIP）数据

实战打造智慧幼儿园 / 曹秋良著. —北京：新华出版社，2018.8

ISBN 978-7-5166-4269-6

Ⅰ. ①实… Ⅱ. ①曹… Ⅲ. ①幼儿园—教育管理 Ⅳ. ①G617

中国版本图书馆CIP数据核字（2018）第162457号

实战打造智慧幼儿园

作　　者：曹秋良

选题策划：张永杰

责任编辑：张永杰　　　　　　　　责任印制：廖成华
责任校对：刘保利　　　　　　　　装帧设计：李尘工作室

出版发行：新华出版社
地　　址：北京市石景山区京原路 8 号　　邮　　编：100040
网　　址：http：//www.xinhuapub.com
经　　销：新华书店
　　　　　新华出版社天猫旗舰店、京东旗舰店及各大网店
购书热线：010-63077122　　　中国新闻书店购书热线：010-63072012

照　　排：李尘工作室
印　　刷：三河市君旺印务有限公司
成品尺寸：145mm×210mm
印　　张：5.25　　　　　　　　　字　　数：80千字
版　　次：2018年8月第一版　　　印　　次：2018年9月第一次印刷
书　　号：ISBN 978-7-5166-4269-6
定　　价：36.00元

序一

与曹博士刚刚认识的时候，他就在做幼儿园信息化，一晃过去了许多年，一个人能够一直坚持做一件事，实属难能可贵。《实战打造智慧幼儿园》这本书，是曹博士这么多年在IT和教育行业的成果和经验总结，是一本值得推荐的书。

在幼教领域，信息化在过去并不是特别引人重视。伴随国家在学前教育领域的改革以及新民促法的正式颁布与实施，幼儿园管理逐步走向规范，大型民办幼教集团呼之欲出，甚至连国办园也逐步出现了集团化、规模化的趋势。在这种市场大环境下，信息化工作的重要性越来越凸显出来。

幼儿园的经营管理活动涉及人、财、物的管理，涉及与家长的沟通、招生工作以及品牌推广，如果缺乏一套科学化的管理体系，就会使得工作效率低下，而这正是许多幼儿园所面临的现实问题。

信息化，无疑为解决上述问题提供了一个有效的手段。信息化可能难以解决教学水平提高慢的问题，但却可以提升工作效率，使得信息流通更加透明，教师的培训工作更加有效率地开展，幼儿园跟家长的沟通更加顺畅，从而大幅提高家长的满意度。在一个信息化平台上运行的幼儿园，管理工作更容易做到井井有条，园长和教师们更容易把有限的精力集中到业务本身上去。除此之外，在幼儿园的品牌推广、因材施教教育理念的落实等方面，信息化均提供了很好的解决方案。

与中小学和大学相比，学前教育机构的信息化，基本上还处于初级水平，正因为如此，学前教育领域的信息化工作才需要更多人才、更多组织和机构的参与。学前教育是一个比较复杂的课题，从教育理论到儿童心理，再到教学质量的管控，涉及方方面面。教育与科技的碰撞，无疑能够为这个领域带来新鲜的内容，大学、科技企业、教育实体、政府部门，大家从不同的角度群策群力，方能为中国的孩子们营造一个快乐成长的环境。

《实战打造智慧幼儿园》这本书，以"实战"为出发点，从实施的角度阐述了幼儿园信息化的路线图，其中的"七步打造智慧校园"等观点，对很多苦于信息化如何实施的幼儿园来说，有着十分现实的指导意义。

我衷心希望这本书能够给同行一些借鉴，带来一些学术探讨的契机。

天津师范大学教授

中国学前教育研究会学术委员会委员

天津市教育学会常务理事

序二

近年来，得益于学前教育政策法律日益健全、经济由高速增长转为高质量发展需求凸显，学前教育行业迎来高速发展；行业集中、治理规范、并购融合，成为2018年发展关键词。

承载着海亮集团回馈社会之初心，2017年海亮学前教育集团正式扬帆起航。以引领学前教育、点亮孩子未来为使命，依托海亮儿童发展研究院提供高品质服务。如何破解制约行业发展师资培训少、课程体系不完善、标准化程度低、跨区域管理等难题，在快速发展过程中提供高品质、标准化服务，学前教育人始终在努力，而信息化无疑是良策之一。曹博士出版专著《实战打造智慧幼儿园》颇为及时，他站在信息化的角度，思考学前教育人如何"在合适的时间做合适的事"，着实为其匠心精神感动。

当下，信息技术俨然重新定义学前教育，人工智能、数字化技术、虚拟现实不绝于耳，信息化发展趋势凸显，大到行业服务供给均衡、治理规范，小到集团化运作、园所管理、师资培训、学生管理、授课方式提升、家园互动加强，都有信息化在驱动。然而，信息化基础弱的问题仍不容忽视，园所多小散弱分散经营，运营尚待规范，遑论信息化，存在普及率低、无标准化、推广难度大等问题。

显然，行业信息化现实与趋势之间的鸿沟如何逾越，是摆在我们面前的课题：《实战打造智慧幼儿园》一书提出"七步打造智慧校园"的解决方案：以"管收支"为起点，实现教师档案、幼儿学籍、家园互动、教学的"育人"，与招生、资产、整体盈利的"运营"，有机融合；并针对并购融合提出"从内到外"、"先管数据后管过程"、"对现有工作流程尽量不去做破坏式创新"，"任何举措要考虑实施难度"思考，值得借鉴。

不忘初心、方得始终，信息化应用始终需要围绕和回归教育的本源。曹博士的书用智慧定义幼儿园信息化，海亮的信息化软件用宝贝命名，不言而喻，我们都秉承着用信息化之"智"点燃宝贝之"慧"的初心。

海亮集团副总裁
海亮学前教育集团总裁

序三

在曹博士的《实战打造智慧幼儿园》即将出版之际，能够被邀请为此书撰写序言，我感到十分荣幸。伴随着国家民办教育促进法的正式实施，中国的幼教行业迎来了一个发展的春天。集团化、规模化路线的经营思路越来越成为主流，科学化的管理手段已经在幼儿园投资人和经营者群体中形成了共识。而信息化，正是实现科学化管理的重要一环！幼儿园的信息化，正处于一个关键的十字路口，《实战打造智慧幼儿园》这本书的出版，恰逢其时，本人很愿意就幼儿园信息化实施这一话题，和读者以及行业人士共同学习，做一些探讨。

大地幼教机构专注幼儿园数十年，作为最早进入中国大陆的台湾幼教机构，目前已跻身国内知名幼教品牌的行列。大地要做好连锁校园，当然就需要斥资打造网络平台，使信息畅通无阻，迈入网络沟通新时代。回顾这些年的发展，信息化、标准化正是集团发展至今的关键词。

幼儿园由于其行业特点，信息化的实施不可能是一蹴而就的，大地在这一点上深有体会。如何将复杂的系统在实施层面做到简单化，对于信息化工作的成败，具有关键性的决定作用。《实战打造智慧幼儿园》的作者曹博士，基于其在IT和幼教行业的丰富经验以及深厚的理论功底，为中大型幼儿园和小型幼儿园分别提出了相应的解决方案。书中的"以实施为出发点的产品设计"、"分步走打造智慧校园"等理念，本人十分赞同。一个不便于实施的系统，无论功能上多么丰富多彩、技术上多么高精尖，都很难适合幼儿园这个行业领域。大地幼教机构在这个方面是有一些经验的。

幼儿园的信息化，涉及投资人、经营管理人员、教师以及家长等各种各样的角色，如果不以实施为前提来考虑问题，那么投入了巨大的资金所研发出来的系统，很可能家长不喜欢、老师嫌麻烦，从而在后期难以推广实施。而如果一个系统缺乏前瞻性设计，那么即使满足了当前的需求，也会在后期由于缺乏可扩充性，造成数据不能打通、功能设计冗余等各种问题。幼儿园由于其个性化的特点以及从业人员的层次结构的限制，将其他行业的管理系统，直接照搬到幼儿园，很少会有成功案例。正因为如此，考虑了幼儿园的个性化需求，有前瞻性设计理念，并以实施为出发点的产品设计，显得格外重要。

《实战打造智慧幼儿园》这本书，不仅在方法论上为幼教机构的信息化提供了一整套解决方案，同时也对幼教机构的信息化蓝图进行了阐述。书中最后部分还对幼教行业"轻运营模式"提出了一些建议，而这正是很多行业内人士正在思考和探索的内容。对于规范化和标准化经营显得如此重要的今天来说，此书具有一定程度的指导意义和借鉴价值，对幼教投资人和经营者无疑是一本重要的参考书。相信此书能够为幼教行业各方人员提供一套新的思路，助大家在实体运营、信息化建设方面一臂之力。

大地幼教机构执行长、教育学博士

目 录

第一章

▼

幼儿园信息化的背景

一、时代背景——民促法开启民办教育新时代

2016年11月，民促法修正案通过，成为民办教育行业的一座里程碑。民促法修正案指出，民办学校主办者可以自主选择设立非营利性或者营利性民办学校，强调了民办学校与公办学校相等的法律地位，规定了非营利性和营利性民办学校在财政、税收优惠、用地、收费等方面的差别化扶植政策。

毫无疑问，民促法将会重塑行业长期增长格局。在行业有序发展之下，虽然营利性幼儿园面临税费等短期新增成本，但快速提升的资本证券化活跃度将为它们带来新的增长动力。长期而言，幼儿园所在的教育行业将会继续稳健增长，幼教行业将迎来前所未有的大变革，进入全新的时代。与此同时，幼教机构将面临重新洗牌的局面。

伴随着民促法的实施，会出现几个重要的趋势。

第一，大型民办幼教集团呼之欲出。民促法正式实施

后，大量资本及优秀管理人才将会涌入幼教行业，民办幼儿园会迎来并购整合的浪潮，大型幼教集团将如雨后春笋般出现。对于幼儿园而言，未来的竞争对手不再只是园所之间经营模式的比拼，如何积极融入大潮、使自身不断发展壮大，才是每一位园所经营者和管理者所必须思考的问题。

第二，品牌打造变得空前重要。过去，幼儿园是靠特色取胜，未来的幼儿园则是靠品牌取胜。民促法的颁布将让幼儿园面临空前激烈的竞争，这对于拥有独特品牌与定位的幼儿园而言，无疑是巨大利好，而对于徘徊在普通水平的民办幼儿园而言，随时都有可能被淘汰。幼儿园必须尽快找到突破点方能在新时代立足，品牌打造无疑是优先考虑的因素。

二、幼儿园实施信息化的必要性和意义

如前所述，民促法的实施，会导致大型幼教集团的产生，会凸显品牌的重要性。如何在这一波大潮中找准自己的定位，是摆在每个幼儿园投资人和经营者面前的问题。

首先，幼儿园集团化之后，会出现许多前所未有的管理课题。经营幼儿园与经营企业是一样的道理，都少不了科学有效的管理方式。很多园长虽具备丰富的幼儿园教学经验，却没有成熟的管理方式，特别是在通过收购、新建等方式管理集团幼儿园的时候，这个矛盾更加突出。

其次，幼儿园的品牌，在很大程度上来自内功的修炼。如果没有一套科学管理的手段，那么即使引入了世界知名的课程，也会在很大程度上大打折扣。

信息化，无疑为幼儿园解决自身管理问题、提升内功，提供了一个极好的手段。实施信息化的过程，不仅仅是导入一套软件系统，而是要求幼儿园或者幼教集团对自身管理流程进行梳理，使之标准化、规范化，这是一个破茧成蝶的过程。一旦突破这一步，便会打造出幼儿园自己的特色管理体系，而这个管理体系必定会为幼儿园或者幼教集团接下来的发展提供一个长久的动力。

时代发展至今天，想必大家对幼儿园实施信息化的必要性和意义已经没有什么异议，因此本书将不再在这个方面浪费笔墨，而是围绕幼儿园如何实施信息化进行重点阐述。

第二章

▼

幼儿园标准化

打造智慧校园，首先要过的一关就是"标准化"，如果把信息化系统比作智慧校园的身体，那么标准化就是智慧校园的灵魂。离开了标准化，信息化就无从谈起。

幼儿园可以看作是一个小型的企业，市场活动是招生，内部管理活动涉及人、财、物等各个方面。实施幼儿园标准化，就是对经营活动中的各个环节进行标准化。通常来讲，标准化的工作，主要包括三个方面的内容，分别是：规章制度、过程定义、标准化文件。

图2-1 标准化三要素

其中，规章制度，是实施标准化的基础，有了它，后面的工作才能做到有法可依。过程定义，一般以流程图的形式进行体现，在流程图中，对某工作环节所涉及的各个岗位的工作进行规定，例如，每个人工作的INPUT是什么，OUTPUT是什么，都需要在过程中进行清晰的定义。标准化文件，一般体现为表格，就是前面所说的INPUT或者OUTPUT的表现形式，两个人的工作交接，不是通过口头描述，而是要通过这样标准化的文件进行交接，只有这样，工作范围的界定才能一目了然，工作中发生了问题，才可以立即确定问题的原因和责任人。

　　标准化工作的本质，实际上是将企业内针对品质管理的目标，转化为对相关过程的管理。通过对过程中各个环节的清晰定义，让所有相关人员明确自己的岗位目标和工作实施标准。所有人都做"简单的事"，大家各司其职、共同配合，却实现了一个复杂的目标，这样可以有效地降低企业经营管理活动的难度和风险。

一、标准化三要素

（一）规章制度

规章制度一般分为人事、薪酬考核、行政、财务、教学、市场等几个方面。表2-1是某幼儿园的例子，左边的部分是规章制度，右边的部分是过程定义，有关过程定义的内容，接下来将进行讲述。

（二）过程定义

有了规章制度之后，就可以以规章制度为基础，对人事、薪酬考核、行政、财务、教学、市场等各个方面的各个工作环节进行过程定义了。过程定义涉及幼儿园经营活动的方方面面，但是幼儿园在实际操作的时候，可以去粗存精、先从核心业务入手，逐步扩展到分支业务。另外，一边制定一边培训一边实施，以此为原则逐步建立起自己的过程管控体系。

表2-1　某幼儿园规章制度列表

	规章制度	过程定义
人事	人事制度 考勤制度	员工入职/转正/岗位变动/离职过程 考勤数据处理过程
薪酬考核	薪酬制度 考核制度 岗位说明书	月度考核过程 工资计算过程
行政	幼儿园员工行为准则 安全及处置突发事件制度	物品采购过程 厨房管理过程
财务	财务管理制度	借款和报销过程
教学	办园目标 托小中大班教学目标	
市场	幼儿园招生策划方法	报名和续费过程

以下通过几个实例说明过程定义的概念：

—— 固定资产采购过程

—— 报名和续费过程

—— 员工月度绩效考核过程

固定资产采购过程，请见图2-2。该流程图对采购申请的发起、审批、采购、入库进行了定义，包括园长（在这里是采购申请人）、集团采购审批人和财务等三个角色，其中还涉及采购担当和库管员的操作，但是没有体现在流程图中。

过程阶段	作业担当		
	园长	集团彩购审批人	财务
固定资产采购	在OA中填写采购申请 注意填写批次号	核实供应商及价格等信息 → 批号合理? (NO→园长, YES↓) → 签字 → 以批次号为单位申请借款 申请时以附件提交采购明细 → 协调采购担当完成采购手续 → 申请报销 申请时以附件提交采购明细 → 物品是否需入库? (通知 NO→结束, YES↓) → 协助库管员完成入库手续 → 物品是否需借出? (通知 NO→结束, 通知 YES↓)	履行借款过程 履行报销过程
	通过OA办理物品领用手续 → 结束		

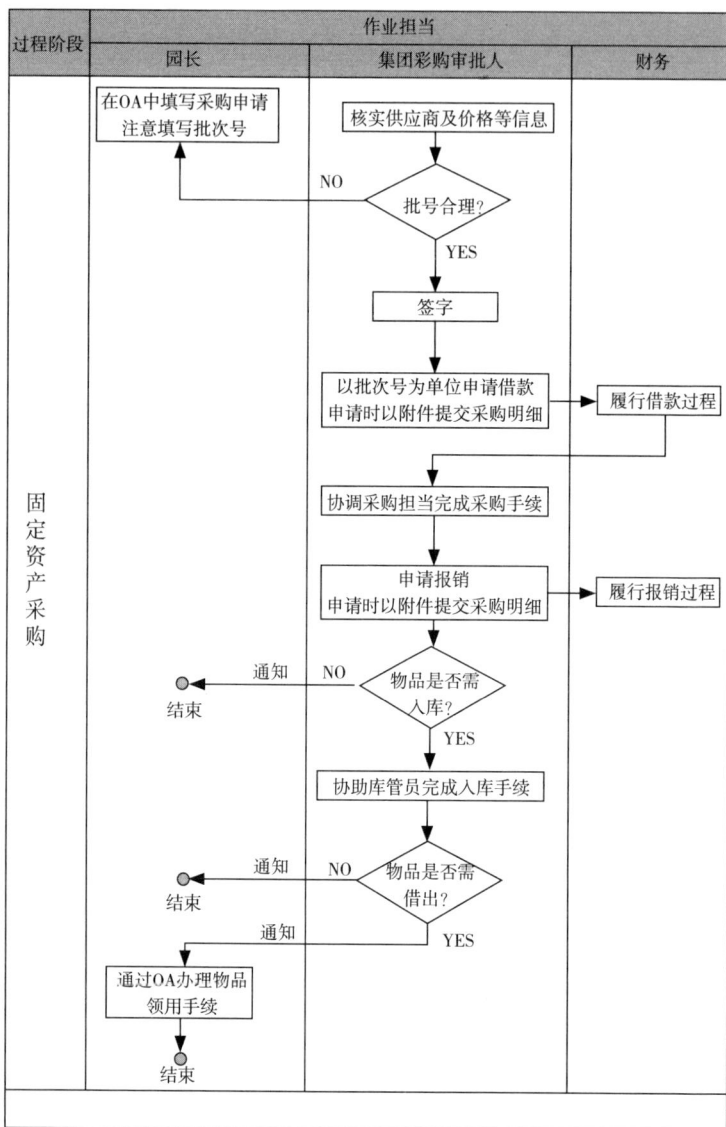

图2-2 固定资产采购过程定义

过程阶段	作业担当			
	家长	园长或代理	幼儿园出纳	总部财务
新生报名	报名 →	在系统上录入幼儿信息		
		在系统上录入缴费任务		
		收费和定价一致？ YES/NO		
		向总经理汇报并取得意见一致，填写《折扣申请表》并签字		
		引领家长到出纳处交费	在系统上履行收款手续收费和定价不一致时需确认园长签字的《折扣申请表》	定期汇报 ○
			开具收据	
		在系统上进行分班操作	将《折扣申请表》备案保存	
		在系统上录入ID卡号并将ID卡发给家长		
	入学			

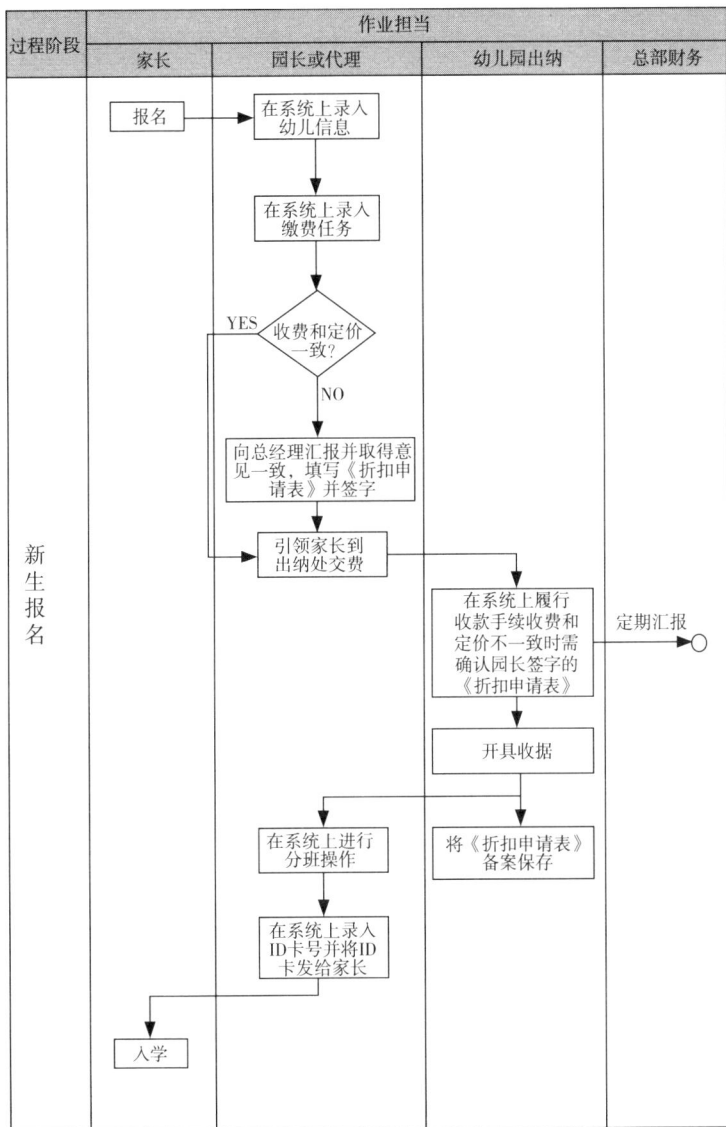

图2-3 报名过程定义

过程阶段	作业担当			
	家长	幼儿园班主任	幼儿园出纳	总部财务

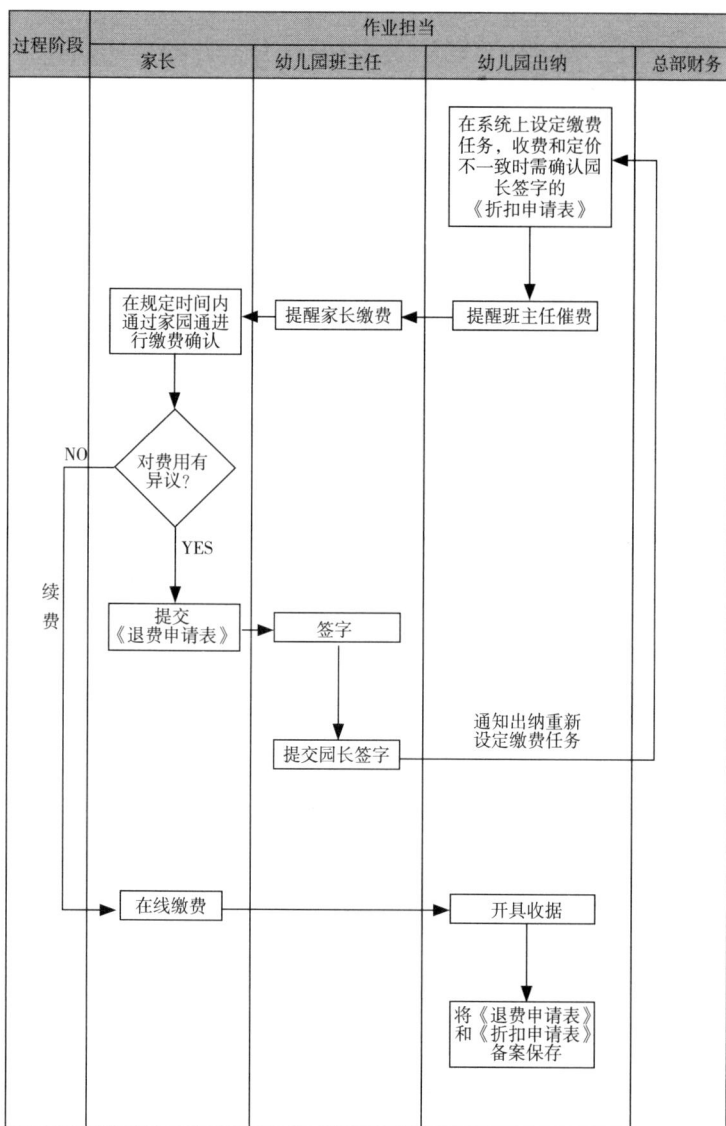

图2-4 续费过程定义

过程阶段	作业担当			
	员工	考核负责人	园长或上级	人力资源经理
考核前				到达规定时间?→YES 检查系统中的考核模板和考核负责人设定 下达考核通知必要时对考核标准进行说明
考核实施	通过系统进行自我考核 辅助指导	NO←检查合格→YES 通过系统进行他人考核 必要时对个人进行讲解		
考核后	○←谈话		检查系统考核结果 发现问题?→YES	检查系统考核结果 发现问题?→YES 归纳问题点,针对系统考核模板等提出改进建议 结束

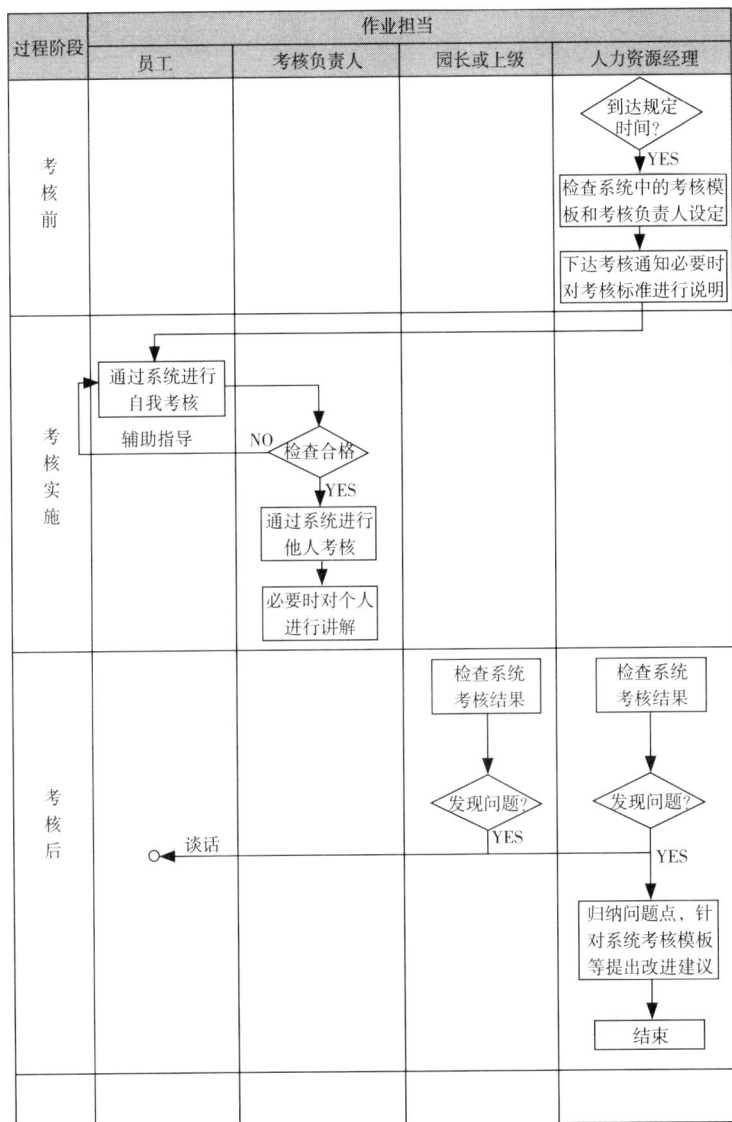

图2-5 员工月度绩效考核过程定义

需要说明的是，不同幼儿园的流程定义是不尽相同的，该图只是一个例子，并不一定是固定资产采购的一个"正确"的流程，所以仅供参考。

报名和续费过程，请见图2-3和图2-4。这两个流程图分别对新生报名和老生续费的流程进行了定义，新生报名包括家长、园长或代理、幼儿园出纳和总部财务等四个角色。老生续费包括家长、幼儿园班主任、幼儿园出纳和总部财务等四个角色。

两个流程图中都提到了《折扣申请表》和《退费申请表》，这两个表就是与过程相关的标准化文件。关于标准化文件，将在下个小节中进行详细描述。

员工月度绩效考核过程，请见图2-5。该流程图包括员工、考核负责人、园长或上级、人力资源经理等四个角色。

（三）标准化文件

标准化文件，通常以表格形式存在，可以用Excel或者Word进行制作。

如前所述，过程定义对工作环节中各个相关岗位的人员的工作内容进行了明确化。各个岗位的人员在执行某一个操作的时候，工作完成之后需要有OUTPUT，也就是成果物，工作开始之前需要有INPUT，也就是上一个环节的成果物。这里的

INPUT和OUTPUT，就是标准化文件。

这样讲可能比较抽象，举一个打扫卫生的例子。幼儿园要求老师下班后把自己教室的卫生打扫干净，为了达成这个目标，可以：

第一，制定一个《卫生管理制度》，制度里说明要做的事、卫生要达到的目标、卫生检查周期、卫生评比时间等等。

第二，制定一个流程，流程里对各个岗位（老师、卫生检查员……）的工作内容通过流程图的形式进行确定。

第三，制订一套标准化表格，包括《卫生值日表》（挂在每个教室里由当事人填写）、《卫生点检单》（由卫生检查员填写，点检单上规定了各项检查指标和评分标准）等等。

卫生管理只是一个粗浅的例子，实际上幼儿园经营活动的每一个环节，都可以同理制定出一套管理制度、过程定义和标准化文件。这样一步一步地就可以把幼儿园整个的过程管控体系建立起来了。以下通过几个实例说明标准化文件的概念：

—— 员工入职报到单

—— 员工离职前物品归还证明

—— 员工月度考核表

员工入职时，填写下面的《员工入职报到单》，履行必要的签字手续之后，由人力资源经理将员工信息录入企业的信息化系统，建立员工档案。

表2-2　标准化文件样例——员工入职报到单

员工入职报到单

员工姓名：_____　　　报到日期：_____

入职约定事项			
基本工资和岗位工资			奖金提成计算方法
试用期工资			
预定转正日			
转正后工资	基本工资	级别	
		金额	
	岗位绩效工资	级别	
		金额	
	津贴		
社保公积金	合计		
	预定加入日期		
	社保基数		
COS设定	公积金基数	暂无	
	考勤负责人		
签字栏			
员工本人		人力资源经理	

　　注意：转正后的岗位如果未定，则级别处写"待定"，金额处可写一个范围。

员工离职之前，填写下面的表格，签字负责人确认该员工没有尚未归还的领用物品和财务借款之后，签字，然后当事人才能到人事办理离职手续。

表2-3　标准化文件样例——离职前物品归还证明

离职前物品归还证明

员工姓名：_____

分类	名目	签字
领用物品	OA管理的领用物品 胸卡 ID卡	**人力资源经理签字：** 名目中所列出的物品已归还完毕。COS上此人名下没有任何借出或者分配的物品。特此证明。 签字：_____ ____年____月____日
财务借款	OA中的借款记录 其他借款记录	**财务经理签字：** 名目中所列出的财务借款已归还完毕。特此证明。 签字：_____ ____年____月____日

有的幼儿园每月进行教师绩效考核。下表是一个例子，它确定了一些标准的打分科目，从而对教师在每个工作环节进行评价。

表2-4　标准化文件样例——员工月度考核表

月度考核表M001（适用于幼教教师）

分类	评价内容		考核人1	考核人2	考核人3
	名称	评分标准			
事前备误（9分）	事先撰写教案，准备充分教学活动及教具	良好：3分；一般：2分；待加强：1分	50%	50%	0%
	依照教案进行教学课程活动	同上			
	依据学生年龄及需求设计教学活动	同上			
教学流程（33分）	教案与课程内容能相对应	同上			
	能正确引导教学主题	同上			
	能善用表情及语调吸引学生	同上			
	能具备亲切及活泼的教学态度	同上			
	能有效地掌控教学气氛	同上			

续表

分类	评价内容		考核人1	考核人2	考核人3
	名称	评分标准			
教学流程（33分）	能有效地掌控教学速度及时间	同上			
	能完整完成教学活动	同上			
	能结合教学内容及课堂活动	同上			
	能制作课件	同上			
	能恰当应用白板及板书	同上			
	教学整合多元化（读、认字）	同上			
课堂管理（12分）	能有效掌控教学秩序	良好：3分；一般：2分；待加强：1分			
	能使用多元、创意方式管教学生	同上			
	能有效地处理学生行为问题	同上			
	能有效管理及运用班级物品	同上			
教具制作（9分）	能以多元化方式及材料制作教具	同上			
	能制作具有启发与创造功能的教具	同上			

续表

分类	评价内容		考核人1	考核人2	考核人3
	名称	评分标准			
教具制作（9分）	能领用运用教具并结合教学活动	同上			
师生互动（12分）	学生有操作教具的机会	同上			
	能与学生产生互动关系	同上			
	学生能主动参考教学活动	同上			
	能依学生程度不同、给予适当指导	同上			
业绩（10分）	续班率（5分）	5至1分分别为很好、较好、标准、较差、差			
	出勤率（5分）	5至1分分别为很好、较好、标准、较差、差			
综合考评（15分）	安全事故（5分）	无：5分；有：0分			
	家校联系（3分）	有：3分；无：0分			
	电访记录（2分）	有：2分；无：0分			
	协作配合（2分）	有：2分；无：0分			
	师德仪态（3分）	有：3分；无：0分			

二、幼儿园实现信息化的过程

幼儿园实现信息化，不是一蹴而就的，有人认为花钱搞个系统就可以实现信息化了，这是一种错误的理解。在标准化取得实质性进展之前，盲目地上系统，往往会带来这样或者那样的问题，导致无法实施下去。

以财务报销的流程为例，有的幼儿园是"记账式"，也就是说，财务报销不需要审批，只需要会计进行记账即可。还有的幼儿园是"审批式"，就是说，每一笔费用支出，都需要履行一个签字审批的流程。

两种方法谁对谁错呢？很显然，没有对错，适合自己就好！

那么在选择一个信息化系统的时候，就需要这个信息化系统能够适应幼儿园多变的需求。如果系统中"审批"是一个前提，那么就无法适用于"记账式"的幼儿园财务管理。这样的系统，买来了也用不了。

所以，标准化的推进和信息系统的实施，哪个在先，哪个在后，哪个是因，哪个是果，是一目了然的！如前所述，如果把信息系统比喻成身体，那么标准化就是灵魂。离开了灵魂的身体，就只是一副躯壳而已。

幼儿园实现信息化的过程，就是标准化逐步深入的过程！

第三章

▼

幼儿园实施信息化的指导思想

实施信息化，需要有整体规划，逐步深入，切忌从最开始就进入细枝末节。

以前面的续费过程为例，在系统实施的初期阶段，有两种做法：第一种，把折扣申请和审批、退费申请和审批，都做进系统，审批人完成签字之后，系统自动设定折扣率和退费额；第二种，在纸面的折扣申请表和退费申请表上完成审批，然后由会计将折扣率和退费额进行录入，然后将纸质单据保存归档。

两种做法，哪种是正确的呢？回答：第二种！

注意我这里所说的是"系统实施的初期阶段"，如果幼儿园信息化已经实施了一段时间，从园长到老师对系统已经驾轻就熟了，那么当然第一种做法也没有问题，甚至更好。

有人会问，在系统实施的初期阶段，为什么不把申请和审批环节全部做到系统里面去呢？既然倡导无纸化，为什么不将无纸化做得更加彻底一些呢？原因有三：

原因一：系统开发的代价大！全部做到系统里，会增加更多的开发工作量，从而导致更高的开发成本。

原因二：系统实施的难度高！手动填写表格并完成审批，然后由特定的人录入信息系统，这没有改变相关大部分人的工作习惯，从而使得实施阶段更加顺畅。

原因三：流程变更的适应性差！越复杂的系统，对流程变更的适应性往往就越差。试想，如果把所有操作都从线下搬到了线上，并且建立起了数据之间复杂的关系，那么应对后期流程变更风险的能力就会降低。

以彻底实现无纸化为目标，固然没错，但是对于一个幼儿园，实施信息化的正确的方法，不是一步到位，而是一步一步逐步深入。在这个过程中，逐步梳理各个工作环节，使之实现标准化，然后配合着信息化系统的上线实施，逐步增加线上工作相对于线下工作所占的比例。只有这样，才能降低实施风险，从而降低总体投入，让信息化系统成为工作的帮手，而不是累赘。

实施信息化，有几个基本的原则，分别是：

—— 从内到外

—— 先管数据后管过程

—— 对现有工作流程尽量不去做"破坏式"创新

—— 任何动作都要考虑实施难度

一、从内到外

　　所谓"内"，是指幼儿园的老师，所谓"外"，是指作为幼儿园客户的家长。

　　通常情况下，幼儿园的信息化系统至少会包含一个教师端和一个家长端。所谓"从内到外"的原则，是说对教职工实施信息化的优先度，应该在对家长实施信息化之上。也就是说，应该先让教师熟悉信息化系统之后，再推广家长端（图3-1），这样会取得事半功倍的效果。

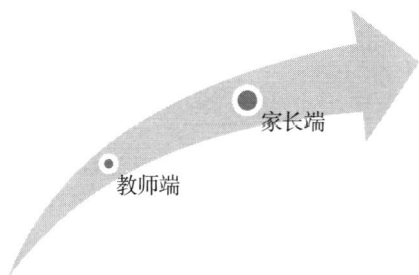

家长端

教师端

图3-1　从内到外的实施原则

反过来实施会怎样呢?

反过来的话，很可能导致家长遇到问题时，没人能够解答，家长现场培训完全依赖于系统供应商的配合。然而，一个幼儿园有几百位家长，把上线辅助工作全部甩给系统供应商的话，系统供应商是否愿意配合、是否真的配合了暂且不谈，单是从人力投入上考虑，一个业务人员对应数百位家长，是很难做到让所有人都满意的。一旦发生了问题，受损失的还是幼儿园自己。

也有的幼儿园在实施家长端的时候，先让系统供应商进行一个简单的培训，然后老师们可以对家长进行一些基本的疑难问题的解答。但是，根据笔者多年以来帮助幼儿园实施信息化的经验来看，单纯对老师进行培训，而不是让他们真正参与其中的话，会导致下面两个问题:

1. 老师对信息化的参与意愿不高，觉得跟自己并没有什么关系。

2. 老师对自己账号的保密意识不强，会容易泄露本来应该保密的信息。

因此，我们建议幼儿园，在实施家长端之前，先让老师们把教师端的一些简单功能用起来，例如，教师档案、园所通知、日报等等，通过这些简单功能的使用，让老师们对整个信息化系统有一个入门级的认识。之后再推家长端，一切问题就都迎刃而解了。

二、先管数据后管过程

举例1：从"记账式"财务报销到"审批式"财务报销

还是以财务报销的流程为例，在具体实施的时候，可以分为两个阶段：第一个阶段是"记账式"，无须审批，只需要会计进行记账即可。第二个阶段再开始要求流程审批。

这样分步实施的好处是，在第一阶段，除了会计之外，任何其他人的工作流程，并没有发生任何变化，从而可以"无感"地进行实施，将实施难度降到最低。这就是一个"先管数据后管过程"的例子。

举例2：厨房食材采买管理分步走

幼儿园要经常进行厨房食材的采买、办公用品和消耗品的采买，而采买在幼儿园管理工作中是一个相对复杂的部分，在供应商报价环节、采买操作环节、入库和出库环节，都容易发生问题。正因为如此，幼儿园的管理人员，很多时候想一步到位把采买工作抓起来，杜绝其中一切盲区。然而实际执行的时候，却发现理想的流程根本无法实现，让厨房把白菜、土豆、面粉一件件称重、入库，是一个在初期阶段难以实施的工作。

因此，关于采买工作，我们建议幼儿园分几步走：

第一步：管钱！具体地说，就是在采买的时候，从哪儿买的、价格是否合理、入库之前是否称重了、出库的时候是否登记了……所有这些，先统统都不管，而是先把花的钱管起来。具体做法是，在提交财务报销的时候，让申请人提交如表3-1所示的附件，仅此而已。

实施了这一步，至少可以让采购过程在一定程度上实现了透明，投资人或者管理人员如果愿意，可以从台账对某些指标进行分析，例如：阶段内供货价格的变化，月消耗量的变化，等等。

第二步：管过程！在这个阶段，把更多的线下工作搬到线上来，例如可以增加采买的审批流程、入库流程、供应商的入围审批流程等等。通过这些流程的实施，可以将厨房采买工作没有疏漏地抓起来。

第三步：在前两步实施一段时间之后，对大型连锁幼儿园，还应该做一件事情，就是对供应商进行集中一元化管理。具体做法可以是通过电商平台技术搭建自己的校园商

表3-1 厨房食材采买记录

幼儿园厨房食材采买（2018年3月）					
日期	名称	数量	单价（元）	总价（元）	备注
3·1	牛奶	6件	32	192	无发票
	橙子	26.2斤	4.5	117.9	无发票
	虾仁	3斤	33	99	无发票
	茄子	30斤	3.6	108	无发票
	西红柿	30斤	2.5	75	无发票
	洋葱	5.2斤	1	5.2	无发票
	牛肉馅	3斤	25	75	无发票
	香菇	2斤	6.5	13	无发票
	牛腱子	19.2斤	28	537.6	无发票
	平菇	30斤	3.5	105	无发票
3·2	苹果	35斤	3	105	无发票
	白糖	10袋	3.8	38	无发票
	冰糖	6袋	4.5	27	无发票
	山楂片	6斤	8.5	51	无发票
	大米	3件	135	405	无发票
	火龙果	40斤	4.8	192	无发票
	五花肉块	13.9斤	13	180.7	无发票
	梨	20斤	2.5	50	无发票
	土豆	25斤	1.3	32.5	无发票
	黄瓜	35斤	3	105	无发票
	汤圆	1袋	8	8	无发票

城，将所有供应商上线进行交易，从而也就实现了对所有数据的把控。

如上所述，食材采买三步走，这也是一个"先管数据后管过程"的例子。

三、对现有工作流程不去做
"破坏式"创新

举例：财务报销的无纸化

还是举财务报销的例子。有人认为，既然实施了信息化系统，那么纸质单据就应该全部废除才对，这话讲得没有太大错误。但是，考虑到信息化是一个一步一步逐步深入的过程，我们并不建议幼儿园在财务报销这个环节上从最开始就实施彻底的无纸化，而是分为如下两步：

第一步，线上报销和纸质单据并行，也就是说，报销的时候不仅要在系统上进行申请，而且要同时提交纸质单据。

第二步，报销时只走线上流程，不再填写纸质单据，会计在需要时从系统打印凭证。同时，在签字时通过电子签名技术提高安全等级。

这样分两步实施的好处是，在第一个阶段，由于没有进行"破坏式"创新，所以无论是报销申请人，还是会计，都是在自己原有的工作基础上对信息化系统进行学习和认识，易于掌握，便于实施。另外，在员工的信息安全意识达到一定高度之前，单纯地依赖简单的密码进行线上签字是不安全的，因为密码很容易被破解，或者发生从内向外的泄露。伴随着更高安全级别的电子签名技术的运用来实施彻底的无纸化，才让无纸化真正拥有了实用价值。

四、任何动作都要考虑实施难度

举例1：考勤机的应用场景

考勤机在近两年得到了很大程度的应用，不少幼儿园将考勤机放在校门口，要求家长出勤打卡，然后跟学员出勤数据联动。这个场景乍一看并没有什么不妥，但是细想想就会发现其中的问题：家长为什么要打卡？打卡的目的和意义是什么？忘带卡、漏打卡等各种特殊情况发生时，幼儿园是否有相应的机制进行处理？如果没有，那么这种出勤数据的实际意义何在？特别是，在这些问题都没有明确预案的情况下，将出勤数据与学费计算联动，就会给会计的学费计算工作带来无穷尽的烦恼了。

正因如此，很多幼儿园设置了考勤机之后不久，就将其束之高阁了。之所以发生这个问题，是因为对系统实施的难度估计不充分，想当然地认为家长会毫无怨言地配合打卡，却忽略了考勤机出故障、忘带卡、漏打卡、下雨天无法打卡等特殊情况的处理机制，从而不可避免地成为了一个纯粹的摆设。

举例2：收学费——从简单到复杂

幼儿园可以算得上是一个小型的企业，然而信息化程度却相对比较低。复杂的功能，看起来美好，实际上却难以得到应用。以收学费举例来说，我们曾经设计了复杂的逻辑，可以跟考勤联动，可以设定多级复杂的科目，可以设定打折信息、优惠信息等等，可是投入运行之后却听到了太多来自会计的问题，诸如：算出数来不对等等。调查原因，无外乎有

—— 考勤数据与实际不符

—— 科目忘记了设定

......

在系统研发人员看来根本不可能发生的问题，在幼儿园却时刻在发生！

于是我们对系统进行了改进，跟学籍、跟考勤统统脱钩，会计只需要提交Excel缴费任务表，然后就可以开始收费了！很原始是吗？但是却十分有效，在很短的时间内得到了广泛的应用。原因是什么？是因为这种方式没有改变会计的现有的工作方式，上手容易，实施简单。

一个对幼儿园行之有效的信息化系统，应该具备两个特征：

第一，将系统"工具集"化！用户学会使用一个工具

是相对容易的，而学会使用一个系统却往往需要很长的一段时间。上面所说的将收费和学籍系统脱钩的做法，就是将系统弱化成为一个工具，所以能够在短时间内得到最好的实施效果。

第二，能够随着用户水平的提升逐步展开。在上面的例子中，如果学费计算系统能够跟考勤联动，能够设定多级复杂的收费科目，能够针对幼儿设定打折信息和优惠信息等，是好还是坏呢？当然是好的！只不过，在实施步骤上，需要从简单到复杂，一个好的信息化系统应该可以做到：既简单又复杂。就像微信，从几年以前推出至今，主要的几个界面，几乎没有变化，但是稍微研究一下就会发现，微信中已经追加了越来越多的丰富多彩的功能。

一个好的产品设计是："当你需要它的时候，它就在那里！"

第四章

▼

市场上的
智慧幼儿园产品

一、概要

幼儿园信息化工作的开展，主要来自两个方面的动力。

第一，当今社会的发展，信息化已经成为了各行各业的必须，用信息化提高效率、加强管理、提升品牌，已经成为了包括学前教育机构在内的各个行业的大势所趋。

第二，教育行业的改革，在最近几年以及接下来的几年之内，逐步进入了深水区。目前我国的学前教育正处在一个巨大的变革期，无论公办园还是民办园都面临着复杂的市场环境，机遇和挑战并存。能否抓住机遇、顺应未来，决定着很多幼儿园的生死存亡——民办幼儿园更是如此！随着改革的深入，会出现一些有实力的、相对大型的幼教集团，实施信息化，已经不仅仅是花瓶式的炫耀，更是来自改善企业经营管理的真正需求。

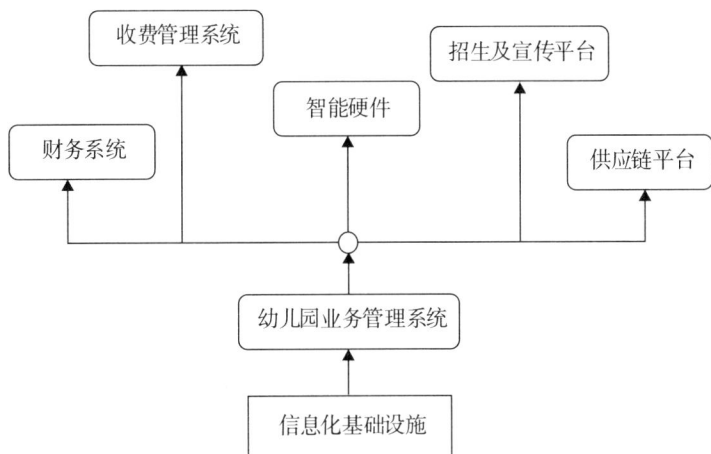

图4-1　智慧幼儿园产品架构示意图

　　打造智慧幼儿园，涉及的产品有很多，有硬件也有软件，有对内的也有对外的，市场上的同类产品琳琅满目，给决策者带来了很多选择上的烦恼。但是，一个智慧幼儿园所涉及的信息化产品，无论怎么复杂，也不外乎三个层次。图4-1是智慧幼儿园的架构示意图，从这个图上可以看出打造一个智慧幼儿园所需要的三个层次的产品内容：

　　第一层次，信息化基础设施。这就比如，要发展汽车工业必须先修路，是一样的道理。在基础设施完善之前去谈信息化系统，是不现实的也不合时宜的。

　　第二层次，幼儿园业务管理系统。还以汽车工业举例子，路修好了之后开始造车，而汽车的核心部件是发动机和中央控制系统。幼儿园业务管理系统，就好比幼儿园的发动机和中央控制系统，其他各种子系统，都需要跟这个业务管理系统打交道，如果没有这个业务管理系统，那么其他各种子系统就落入"皮之不存毛将焉附"的境地了。

第三层次，各种业务模块。这些业务模块包括：财务管理系统、收费管理系统、智能硬件、招生及宣传平台、供应链平台等等。这些业务模块就相当于汽车里为了满足某项功能而存在的功能模块，例如用于换气的天窗，用于倒车辅助的倒车雷达，用于娱乐的音响，等等。

幼儿园在实施信息化的时候，一般会首先对基础设施进行投入，对这一点有异议的人估计并不多。但是在导入第二层次的业务管理系统之前先实施第三层次的功能模块的做法，却是普遍存在的。有些幼儿园，认为信息化就是弄台考勤机摆在门口，或者能够有个家园通APP就觉得已经足够"信息化"了，这都是错误的理解。

在导入第二层次的业务管理系统之前先实施第三层次的功能模块，并非不可以，但是这种做法必须有一个前提，就是先要对幼儿园信息化有一个整体的规划，并基于整体规划完成数据结构设计。如果在完成这一步之前贸然进入下一步，那么各个子系统的数据在后期就难以整合，最终可能形成一个个信息孤岛，导致浪费了投资、浪费了时间，如果遇到水平层次低的供应商，还可能导致数据信息泄露，给幼儿园带来更大的危害。

　　下面对幼儿园信息化领域的常见产品和解决方案进行介绍。

二、信息化基础设施

与大学和中学等教育机构相比，幼儿园的信息化尚处于一个相对初级的水平。但是，初级归初级，幼儿园经营者在对信息化的基础设施投入上，却是有一定共识的。这些基础设施包括：

—— 电视机

—— 电脑

—— 电子白板（教学用一体机）

—— DVD

—— 安全监控系统

—— 局域网 + 互联网

……

目前，信息化工作已经实施到这一步的幼儿园，还是有着比较大的比例。这些基础设施的投入，有力地推动了幼儿园教学质量的大幅度提高，增加了幼儿园和家长之间的相互交流，也在一定程度上达到了"教育资源共享"的目的。尽管当前幼儿园信息化建设尚处于一个初级阶段，但是信息化给幼儿园的管理效果还是非常明显的。

三、幼儿园业务管理系统

图4-2　幼儿园信息管理系统的常见功能模块

　　幼儿园信息管理系统涉及的面比较广，除了上图所示的各个功能模块之外，实际上还可以列举出很多。在进行幼儿园信息管理系统选型的时候，笔者有如下建议：

　　1. 选择有实力的合作伙伴：信息化系统的实施，和前面所述的财务、学费、智能硬件等系统完全不同，它需要供应商有持续不断的服务能力。而对一个IT企业来说，难的正是这一点！选择了一个没有实力的合作伙伴，只会意味着风险。信息化的投入，不仅仅是系统开发费，而且涉及幼儿园管理流程的梳理、改进、培训等诸多环节，每一个环节实际上都要花费时间和金钱成本。抱着试试看的念头去实施信息化，失败概率会很大。

2．在购买现成产品和定制开发之间如何抉择：很多教育机构都会面临着这样的问题，购买现成的产品，发现其中的许多功能不尽人意，定制开发，却又价格高昂。针对这一点，笔者的建议是，选择拥有现成产品的IT战略合作伙伴，在现成产品的基础上做一小部分定制开发，定制开发的比例控制在30%以下比较理想。原因是，一个在学前教育领域完全没有开发经验的IT公司，很难在短时间内开发出符合行业需求的产品，如果幼儿园能够对自己的需求说得一清二楚还好，而实际上，要做到这一点，不仅仅对幼儿园，对任何行业的人都是不容易做到的。正因为如此，IT公司的需求分析人员，需要有丰富的行业背景知识，才能开发出符合客户需求的产品。客户说什么就开发什么，开发到最后，失败的概率很大。

3．要因地制宜而不要盲目迷信品牌：大型教育集团在实施信息化的时候往往有一种倾向，喜欢高大上，有的甚至对HR、CRM、ERP、OA等系统分别进行招标。殊不知这种做法，只能是堆砌出来一个个难以实施、难以掌握的信息孤岛。幼儿园实施信息化，既要长期规划，又要因地制宜。实际上，幼儿园在现阶段是否需要各种复杂的管理系统，是一个需要投资人和园长认真考虑的问题。目前市面上有一些幼儿园信息化管理系统，实际上是结合了HR/CRM/ERP/OA特征的综合性的系统，这对很多幼儿园甚至幼教集团来说，不失为一个好的选择，信息系统应该是随着管理水平的提高而逐步进化的，在最初的阶段引入一些大型的系统，会导致实施困难，同时，打通各个系统需要所有相关厂商的配合，这会导致各种各样的附加成本。

四、财务管理系统

像其他各行各业一样，财务管理系统在幼儿园行业是拥有一定的普及率的，随着规范经营、规范管理意识的增强，财务管理系统会成为所有幼儿园在实施信息化时必须要首先考虑的问题。

目前市场上，有金蝶、用友等财务管理系统，都已经非常成熟，幼儿园根据自己的需求进行购买即可。不过，一个需要注意的问题是，如果您的幼儿园将来要做业务系统和财务系统的数据对接，那么除了需要业务系统的厂商进行配合之外，也需要财务系统厂商的配合。在购买财务系统的时候，在这个问题上要做到心中有数、提前沟通，这样会有利于后期信息化工作的整体部署实施。

五、收费管理系统

幼儿园在收学费的过程中，存在着诸多痛点。

首先，对园长等幼儿园经营者而言：

　　——计算难：学费计算难，按月收费时每月都要根据考勤算退费……

　　——收费耗时：现金收学费时十天半个月也收不完，银行转账收学费时对账工作非常头疼……

　　——手续费：学费不是商品，不接受手续费……

　　——现金不安全：收取的现金，放在保险柜里，安全吗……

其次，对家长而言：

　　——费时：交学费排队时间长，没时间……

　　——没零钱：学校只收现金而且不找零，可是我没零钱……

最后，对投资人而言：

—— 不透明：该收多少学费，心里没数……

—— 资金使用效率低：收费耗时十天半个月也收不完……

—— 数据统计难：分园多，地域分散，收费无法做到一目了然……

正是因为存在这些痛点需求，收学费管理平台在近两年得到了较大程度的发展和普及，各大银行以及微信、支付宝等第三方支付企业分别推出了自己的幼儿园收学费解决方案。这些解决方案主要分为两大类：

第一类：单纯的收学费工具

这类解决方案一般由银行推出，通过补贴对收学费过程中的各种手续费进行减免。为了迎合家长的需求，有些还打通了支付宝和微信等客户端，家长通过支付宝和微信支付进行缴费，然后资金进入幼儿园在银行的账户。

第二类：与校园业务逻辑相结合的收学费解决方案

以支付宝为例，它的收学费解决方案建立在与ISV服务商的合作基础之上，ISV服务商提供的系统，不仅有上传账单收学费的基础功能，还可以与幼儿园的业务管理系统，例如学籍、幼儿出勤数据等打通，从而使得幼儿园的收学费工作成为幼儿园信息化的一个有机的组成部分，以收学费为起点，逐步打造智慧校园。

除了支付宝和微信，某些银行也通过与IT企业的合作推出了与校园业务逻辑相结合的收学费解决方案，但是与支付宝和微信这种开放式的平台不同，银行一般是委托IT企业进行定制开发，然后作为自己的系统推给幼儿园。由于银行的业务特征和绩效考核体系的限制，比较难以出现平台级别的产品。

在对收学费产品进行选型的时候，一般要注意如下几点：

1. 数据安全：在互联网的时代，"大数据"成为了一个热门的词汇，然而，凡事有利有弊，机密和隐私数据泄露，成为了当今社会的一个挥不去的梦魇。学费数据是幼儿园运营的核心数据，特别是家长账户、身份证等信息，一旦发生大规模泄露，后果不堪设想。因此，与系统功能以及系统价格相比，数据安全应该是学费系统选型时最重要的考虑因素，没有之一。

2. 减免手续费是否具备可持续性：虽然没有哪家企业敢承诺"永久免除手续费"，但是通过对手续费减免的原理进行分析，还是可以在一定程度上做到心中有数的。一般而言，如果手续费的减免是属于短期补贴性质，那么这种补贴很可能随着当时办事人员的调岗、离职等受到影响。

3. 是否与国家和行业政策长期合拍：随着国家金融监管的政策逐步趋于严格以及学前教育行业的管理逐步趋于规范，选择与国家和行业政策长期合拍的产品，是一种明哲保身的做法。有些公司所提供的收学费解决方案在学校资质审核、入账账户等方面，具备极大的灵活性，但是如果这些灵活性是建立在"二清"、"大商户"等明显违规的前提之下的话，那么是不建议采纳的。

学费分期系统:

在提供收费管理系统的同时，有的厂商也在系统中植入了学费分期的功能。学费分期一般是基于信用卡模式的，家长手持信用卡并符合一定的条件，即可在交学费的时候选择学费分期功能。因为是与学费系统打通的，所以家长在交学费的同时即可完成分期申请，在操作体验上非常是十分顺畅的。

学费分期是通过金融手段助力教育机构营销的一个很好的工具。它主要是为了解决教育机构和家长的如下问题:

教育机构:

　　—— 机构前期投入大，渴望资金回笼

　　—— 机构有锁定长期客户的需求

　　—— 小机构银行授信难，民间融资成本高

家长:

　　—— 信用卡消费需求旺盛

　　—— 部分家长的在资金支出方面有一定压力

对教育机构而言，学费分期能够带来如下好处:

第一，快速回笼资金：增大机构现金流，用于升级改造、扩建、开分店、并购等;

第二，相当于低息贷款：银行对小商户的大额贷款难，而民间借贷利率通常很高，且恶意催收普遍，信用卡分期是顾客分期，不仅利息低，而且促进销售；

第三，锁定顾客：大大提高提高购买率与购买力；

第四，解决双边矛盾：机构想快速回笼资金，顾客希望按月/次缴费，缓解短期现金流压力；

第五，提升品牌价值：赋予机构金融能力；

第六，避免过度打折价格降低品牌的价值与利润；

第七，资金理财、再投资。

对家长而言，学费分期能够带来如下好处：

第一，免息分期，缓解短期现金流压力；

第二，提高购买力，提高生活品质；

第三，享受优惠且不用担心价格上涨：通过办理分期，平台一次性帮家长垫付学费，不仅享受优惠，这期间价格上涨与自己无关。

六、智能硬件

可应用于幼儿园的智能硬件有很多，例如：

—— 门禁机

—— ID卡（或IC卡）

—— 儿童定位设备

—— 智能摄像头

……

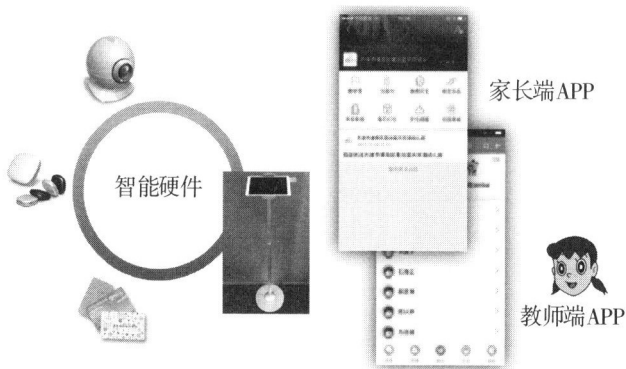

图4-3　智能硬件概念图

　　智能硬件设备一般要与系统或者手机APP进行整合才能够使用。如图4-3所示，各种智能硬件的数据，分别在家长端APP进行显示，同时数据与教师端APP也是打通的，幼儿园的管理员能够对各种智能硬件设备进行参数设置。

　　在对智能硬件产品进行选型的时候，一般要注意如下几点原则：

　　1. 与高大上相比实用性更重要：以门禁机为例，目前市面上推广考勤机的企业有很多，但是有几点问题，是幼儿园真正需要但是并未解决的。第一，维护问题：考勤机是一台机器，是机器总会出问题。在幼儿园，考勤机一旦出问题，就会引起家长秩序的混乱，而大多数情况下，问题并不能很快修复。第二，网络问题：目前的考勤机，基本上都需要联网，而幼儿园的网络状况，有时候却不尽人意。老师们女性居多，对网络维护多为外行，一旦发生断网，就往往导致机器很长时间不能正常运转。第三，室外设置问题：市面上的考勤机，大部分都是适用于室内的，早晨打卡的时候搬到室外，使用之后再搬回室内。考勤机越气派，往往规模越大，老师搬动起来就会越费劲。这几个原因导致很多幼儿园采用了考勤机之后，使它成为了一个纯粹的摆设！

　　2. 要考虑系统集成问题：智能硬件不仅仅是用于完成一个特定的功能，如果这些硬件不能集成在一个更大的平台上，就会造成信息孤岛，各种信息就会出现冗余，管理工作就会变得烦琐。还是以考勤机为例，考勤机并不仅仅是一个用来记录考勤数据的工具，关键问题是，这些考勤数据记录之后用来干什么？很多幼儿园采用了免费的考勤机方案，心想反正是免费，不用白不用，实际上这个观点是完全错误的。实际上，考勤管理，是实施幼儿园信息化的第一步。记住，它只是第一步，后续还很长。如果各种系统，例如考勤系统、人事系统、收费系统、薪资系统、家园共育系统等不能有效集成，那么总有一天会需要重复投资。信息化，是需要有明确规划然后循序渐进的，需要一个清晰的路线图。

七、幼儿园招生宣传平台

在可以预见的未来几年之内，幼儿园行业的竞争将会越来越激烈。首先，家长对孩子的期望越来越高，对幼儿园的综合实力考察得会更加仔细；其次，国内外的幼教连锁机构不断拓展市场，凭借它们在资金、经验、管理模式等方面的优势，在未来一段时间内，会以更快的速度扩张。在这种市场背景下，如何打造幼儿园的品牌，得到优秀教职工和家长的认可，对众多幼儿园来说都是摆在面前的一个问题。

信息化的手段，可以在对外招生宣传方面，对幼儿园的品牌建设起到很大的推动作用。这方面的产品包括：

—— 幼儿园的网站

—— 幼儿园的微信公众号和支付宝生活号等

如前所述，此类产品属于第三层次的产品内容，而第三层次的产品需要与第二层次的幼儿园业务管理系统进行有机整合。所谓"有机整合"体现在幼儿园招生宣传平台上就是："对外"的宣传平台需要与"对内"的老师招生管理工作挂钩。

具体而言，老师在内部管理系统上发布招生信息，家长在网站、公众号可以实现在线报名、预约试听课等等，而报名数据又可以实时同步到内部管理系统。一个好的招生宣传平台产品应该具备如下特征：

—— 幼儿园可以简便地发布信息

—— 信息能够高效地触达家长

—— 与幼儿园内部学籍数据或者试听课接待等业务可以做到有机整合

除此之外，随着移动互联网的普及，很多人的上网时间，更多地花在了手机上而不是电脑上，并且社交平台在信息传播中扮演着越来越重要的角色。有鉴于此，在搭建幼儿园的招生宣传平台的时候，应该对移动端给予更多的重视，同时面向主流社交平台的信息转发是一个必要的功能。

八、供应链平台

幼儿园的下游用户，是家长，而上游供应商，则包括：厨房食材、大型玩具、日常消耗品（包括小型玩具）等若干方面。对中大型幼教集团来说，整合供应链、对其进行科学的管理，是一件十分重要的事情。

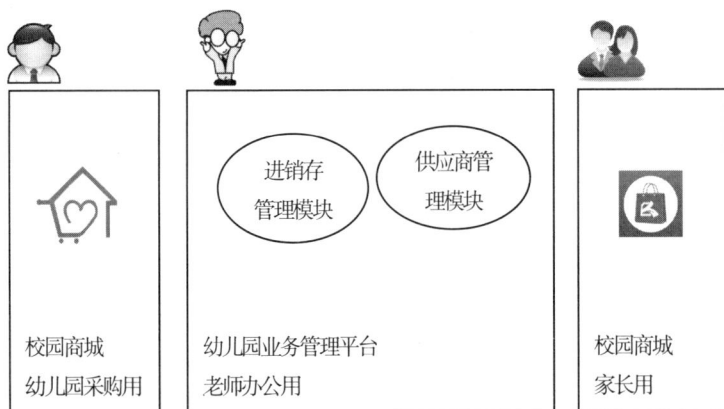

图4-4 幼儿园供应链"双商城"示意图

如图4-4所示，通过商城的概念，可以搭建起幼儿园的供应链平台。

第一个商城，是幼儿园采购用的校园商城，供应商在这个商城中对自己的商品进行管理，幼儿园在线上下订单，数据直接进入幼儿园业务管理平台，供应商负责供货及物流。

第二个商城，是家长购买用校园商城。因为家长可以通过其他各种方式进行交费，所以这个商城对供应链平台并非是必须的。但是，这种交费方式有几个突出的优点：首先，商品上线后的流程，就成为全自动的了，家长自主选择商品交费；其次，商品可以与库存联动，给收费带来极大方便；最后，家长可以直接把费用交给供应商，省去幼儿园代收环节。从这个描述不难看出，这个商城，特别适合园服、生活用品等收费。

如前所述，幼儿园业务管理平台，在供应链管理系统中仍然扮演着重要的作用。通过进销存管理模块、供应商管理模块、数据分析模块等，实现了对数据的一元化管理和对过程的控制，同时，通过对数据进行定量分析可以实现更加科学化的管理。

第五章

▼

从实施角度看
智慧校园方案优劣

一、智慧校园系统的"中间层"设计

所谓"中间层",是指位于两个业务模块之间、用于数据交换的模块。设计中间层,通常情况下有助于信息化的分步实施,对于信息化系统的部署和实施,有着重要的作用。下面举例进行说明。

(一)举例1:家园通——从与学籍脱钩到与学籍挂钩

很多幼儿园的家园沟通,是以微信群为基础的,这样做的好处是,老师们都可以轻松上手,不需要任何培训。但是坏处是,微信群里信息繁多复杂,家长找起来费劲,另外,大量的家长在一个群里,也给群管理工作带来负担和风险。因此,用专用的家园通工具替代微信群,是一个更好的选择。

家园通是幼儿园在日常管理工作中经常要用到的功能,通过家园通,将孩子在幼儿园的学习生活情况跟家长进行沟通、提高沟通效率、提升家长满意度,这是家园通模块在整个信息系统中的定位。

　　然而，通过对大量的幼儿园进行研究发现，实施家园通系统时最常遇到的问题是班级和学籍的管理。班级和学籍的管理，听起来很容易，但是要想维护一套正确的数据，会给园长和老师带来巨大的工作量，例如转班、退学、调换老师的处理，如果没有专门的人进行管理，那么数据很容易与实际不符，从而导致家园通系统要么不能轻松上线，要么上线一段时间之后变得无法使用。

　　我们通过在设计系统的时候设置一个"中间层"来解决这个问题，如图5-1中的圆柱形所示。基于这个设计，家园通系统的上线工作可以自然地分为两步。

第一步

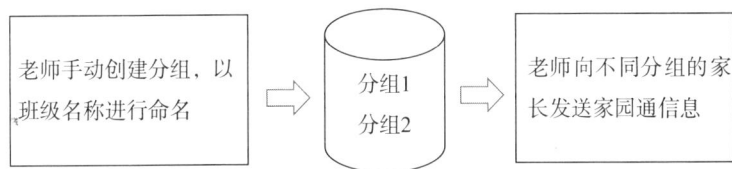

第二步

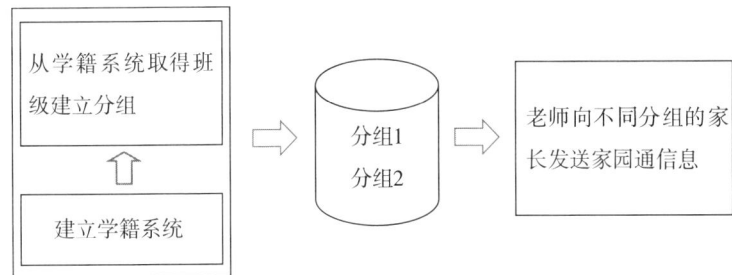

图5-1　家园通设计时的中间层定义

第一步：老师手动创建分组，然后以班级名称进行命名。这些分组貌似班级，但实际上并不具备班级的物理意义，因为它们与学籍中的班级概念并没有任何关系。建立这样的"班级"之后，老师将注册后的家长拉入各自的"班级"，即可开始给家长发送家园通信息了。

第二步，建立学籍系统，然后从学籍系统取得班级信息，再写入中间表，这样就实现了学籍系统和家园通系统的数据联动。这个时候的分组，实际上已经具备"班级"的物理意义了。

可以看出，设计中间表的意义，是为了让系统实施更加简单方便！有的幼儿园，只是为了使用一个家园通工具以代替微信，并不需要一个庞大而复杂的、需要持续付出精力进行维护的学籍管理系统，这种情况下，实施到上述第一步，其实就可以完全满足幼儿园的需求了，并不需要实施第二步。

（二）举例2：今日所学——从与教师备课脱钩到与教师备课挂钩

让我们先从幼儿园的需求入手，去设计相关的功能。一个完善的智慧幼儿园，需要在信息系统方面解决如下问题：

1）教师备课并写教案

2）园长或者教学主任对教案进行审批

3）教师讲完课后，将教案中"发给家长的话"也就是

"今日所学"内容一键发给家长，然后家长通过家园通APP确认今日所学信息。

从教师备课到家园信息互动，一个完整的过程应该是如图5-2这样的：

但是，这个系统在实施的时候，由于涉及备课、提交教案、审批等诸多环节，所以并不容易。如果幼儿园只是想先实施"今日所学"的家园互动，那么从教案管理入手去做这件事情，就有点"杀鸡焉用宰牛刀"的感觉了。

正因为如此，这个过程我们建议幼儿园分两步进行实施，如图5-3所示。

第一步：老师手写"今日所学"信息然后直接发给家长。

第二步：老师备课写教案，然后将教案内容与今日所学内容联动操作。

到这个时候，我们就会自然而然地想到"中间表"了。与图5-3相比，图5-4多了一个"今日所学库"中间表。无论是教师手写今日所学信息，还是从教案一键发送今日所学信息，信息都在这个中间表进行中转之后再发给家长。正是由于这样的设计，才可以让幼儿园从第一步切换到第二步的时候，完全不用升级系统就可以办到。或者说，系统不需要进行任何修改，就可以对应不同的实施阶段的需求。

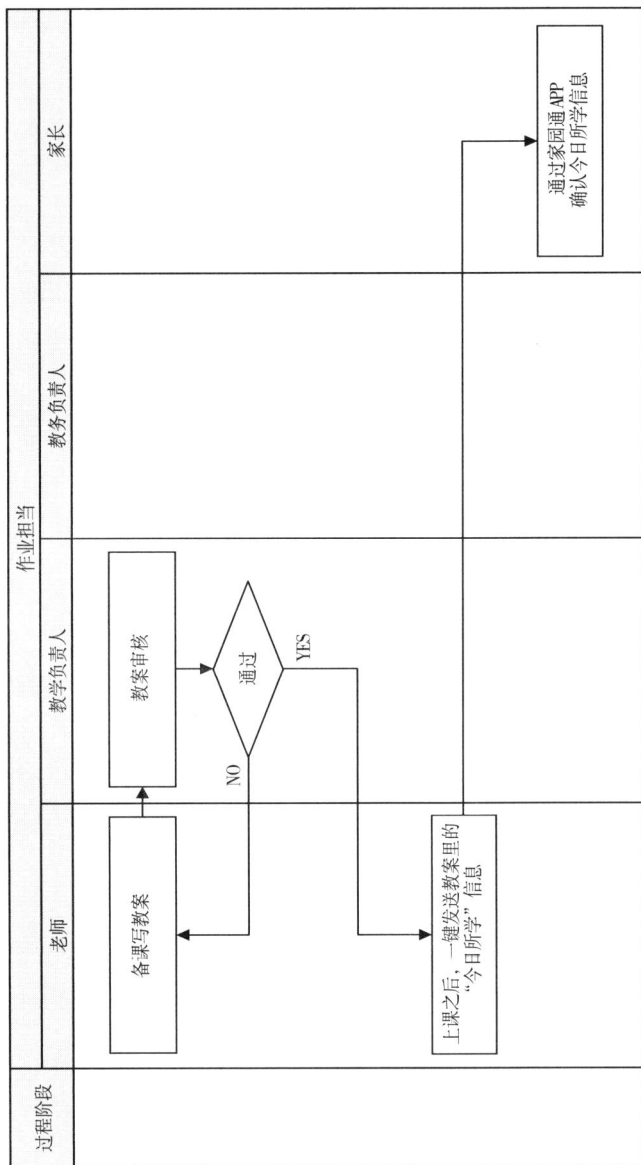

图5-2 从教师备课到家园信息互动的完整过程

过程阶段 / 作业担当 / 老师 / 教学负责人 / 教务负责人 / 家长

备课写教案

教学审核

通过

NO

YES

上课之后，一键发送教案里的"今日所学"信息

通过家园通APP确认今日所学信息

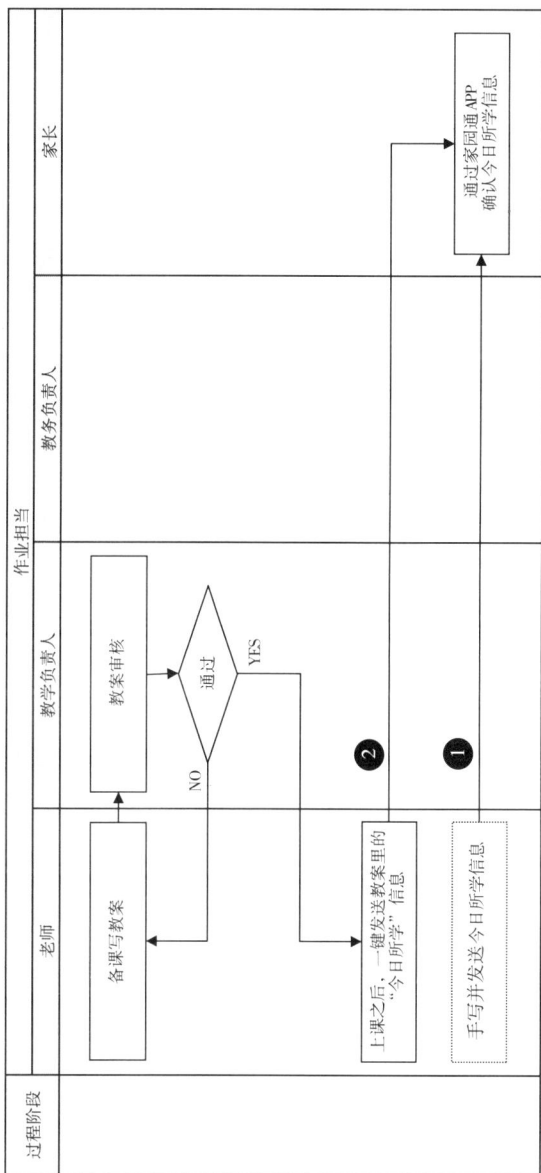

图5-3 从教师备课到家园信息互动的分步实施方案

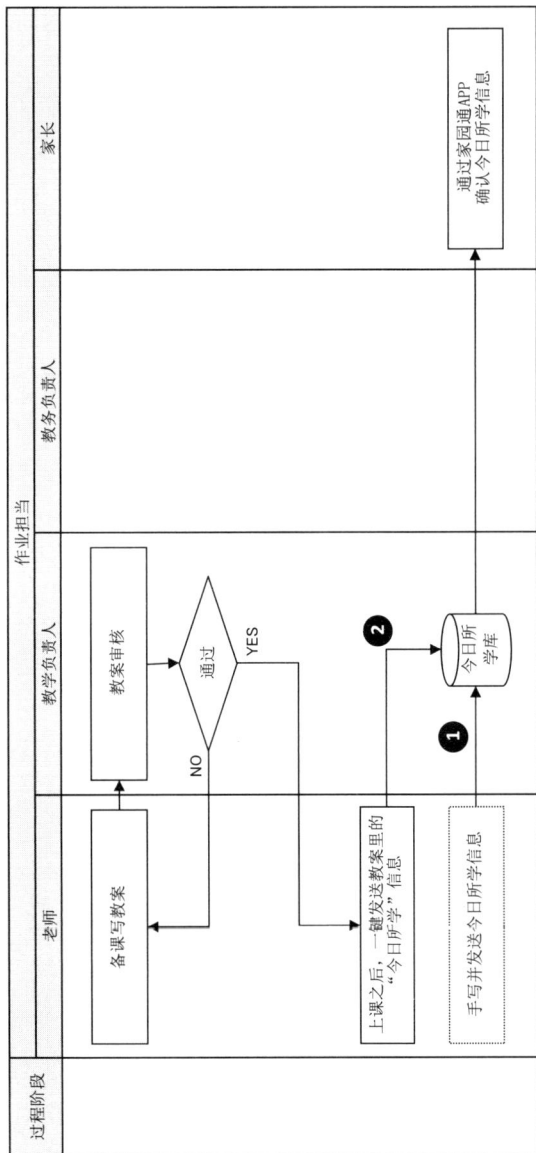

图5-4 从教师备课到家园信息互动的分步实施方案（含中间层设计）

幼儿园先采用简单方式，然后再平滑过渡到相对复杂的阶段，实施难度大大降低。如果试图一步到位去实施"完整"的流程，那么有很大的可能性会死在实施阶段。这就是中间层设计的作用！

（三）举例3：收学费——从与学籍和考勤脱钩到与学籍和考勤挂钩

下面的情形听起来会很美妙："到月底的时候，会计一键即可生成全班幼儿的收费账单，每个幼儿该收多少钱，是与考勤数据联动的，会计什么都不用做，就可以轻松完成收费了。"

但是，想过没有，要想做到这种程度，至少有两个前提，一是学籍系统要建立起来，二是线上画考勤的制度要建立起来。学籍和考勤信息，缺一不可。

我们曾经给幼儿园实施过收学费解决方案，系统部署好了之后，会计却每个月反馈问题："幼儿名单里找不到某某小朋友啊"，"学费退费数额不对啊"。经过实际考察分析发现，第一个问题，大部分情况下是因为学籍信息有问题，某小朋友的入园时间写错了！第二个问题，大部分情况下是因为这个孩子的考勤画错了！

这是会计的错吗？当然不是！只不过因为涉及多个部门或者多个人的协作，所以，简单的事情就变得复杂了。如果幼儿园的信息化，已经实施到了一定程度，所有教职工对信息化已经完全不陌生，那么，多部门协同作业也是可以完成得不错的。然而，对于一个刚刚接触信息化的幼儿园来说，无疑会有很大的难度。

因此，收学费这个过程的实施，我们对其进行了分解：

第一步，会计提交缴费任务列表，然后通过系统完成收费。这里的"缴费任务列表"，说得简单一些，就是一个Excel表，在完全没听说过信息化这个词之前，实际上会计就是通过Excel表进行收费工作的。现在，我们维持会计的操作习惯不变，还是手动制作Excel表，只不过把表格提交到系统，然后让系统完成后面的收费工作。这种做法，虽然没有一步到位，但是确实在一定程度上让会计的工作量减轻了，这是信息化的第一步。

第二步，会计通过系统，自动生成缴费任务列表。

那么"中间层"的概念体现在哪里了呢？请看图5-5，那个圆柱形的东西，就是所谓的中间层。在第二步实施工作中，系统实际上还是通过学籍和考勤数据自动生成了一个虚拟的Excel表，只不过这个虚拟的Excel表没有以文件的形式输出出来，而是直接写入了缴费任务表中间层（圆柱形图标）里。

第一步：

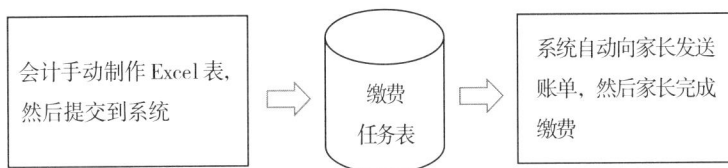

第二步：

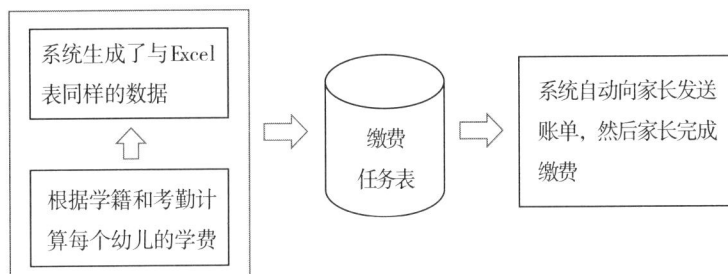

图5-5 收学费功能设计时的中间层定义

从以上可以看出，这种中间层的设计，实际上是让幼儿园信息化，走了一条从易到难、便于实施的路。如果没有中间层的设计，那么第一步和第二步所实施的系统，就会是完全不相关的两套系统。既增加了开发成本，又导致两步的数据发生脱节，简单地说就是，当幼儿园的信息化工作步入一个新的台阶，学籍也建立起来了，画考勤工作也开始实施了，会计可以一键生成缴费任务表了的时候，却发现悲剧了，第一步的数据消失了！为什么？因为第一步和第二步实施的是两个系统！

二、幼儿园实施信息化的各种"境界"

我们不妨沿着上一小节"举例3：收学费——从与学籍和考勤脱钩到与学籍和考勤挂钩"中所述的思路，把收学费的两步工作，再多分解一步，以适应幼儿园在不同时期的需求。三种境界，我们形象地称之为：人、猿、猴。

表5-1　收学费的三种境界

No	操作内容	人	猿	猴
1	维护学籍数据	√	√	×
2	设定园所日历	√	×	×
3	每天画考勤	√	×	×
4	设定收费科目	√	√	×
5	为每个幼儿绑定收费科目	√	√	×

人类方式：要学籍，退费与考勤联动

幼儿园在做缴费之前，需要：

1）维护学籍数据

2）设定园所日历

3）老师每天画考勤，要确保考勤数据正确

4）设定收费科目

5）为每个幼儿绑定收费科目

这种方式的好处是，如果上述几步操作，会计能够驾轻就熟的话，那么，这种方式可以让会计工作效率提高若干倍。到了月底，可一键生成缴费任务表。

猿人方式：要学籍，退费不与考勤联动

因为不与考勤联动了，所以幼儿园在做缴费之前所做的工作中，表5-1里的2和3就不需要了。但是，因为可以自动生成人名列表，所以仍然可以在很大程度上降低会计的工作量。只不过退费数据，需要会计手动计算并填写进去。

猴子方式：不要学籍，退费不与考勤联动

这就是我们前面所说的，会计手动制作Excel表，然后手动提交到系统，让系统完成接下来的工作。

虽然，这个体验和一键生成缴费任务单相比差了很多，但是因为没有改变会计的工作方式，并且完全不需要其他老师

参与，所以对于处于信息化实施初期的幼儿园来说，仍不失为一种值得推荐的方式。特别是对于按学期收费的幼儿园来说，因为收学费的频次低，猴子方式的优越性就更加明显了。

在表5-1中，我们之所以说人、猿、猴是收学费的三种"境界"而不是三种"方式"，是因为，幼儿园是可以通过"修炼"，也就是通过信息化实施工作的逐步深入，从低的境界进入高的境界的。在这个过程中，系统还是那个系统，只不过使用系统的人"进阶"了而已。而且，中间层的设计，可以确保进阶之后的数据和进阶之前的数据，是完全相通的！

一个设计了中间层的系统和没有设计中间层的系统，其差别，讲到这里应该一目了然了。

三、幼儿园信息化系统的关键指标

是追求简单还是追求复杂？答案当然是：追求简单！

一个幼儿园，从内部来说，相当于一个小型企业，但是无论是信息化水平还是意识，大部分幼儿园都处于相对较低的程度；从外部来说，幼儿园的客户是家长这个群体，这个群体对幼儿园工作的满意程度，对每个幼儿园来说都是至关重要的。实施信息化是好事，但是要想让家长做到很好的配合，就又是另外一回事了。

正因为如此，幼儿园信息化工作才需要注意一个根本问题点：努力降低实施难度！然而，单纯追求实施难度降低而导致系统功能弱化了当然也不行，一个好的幼儿园信息化系统应该具备如下两个特征：

第一，实施难度低。

第二，不用修改系统即可支持幼儿园信息化工作的分步实施以及长远发展。

那么如何才能同时做到这两点呢？答案是中间表的设计。

中间表的存在，让信息化系统，"降级"为一个"工具集"，对于信息化水平普遍不高、信息化意识普遍不强的幼儿园教师队伍，以及对于怕麻烦、并非在任何情况下都会配合幼儿园进行系统实施的家长群体来说，具备很强的现实指导意义。

中间表的设计，虽然是一个技术问题，但是如果认为本章所述的内容只是写给技术人员的，那就错了。如何进行信息化系统的实施，是幼儿园决策者和经营者要考虑的问题，理解了中间表的概念，不仅可以为信息化系统的选型提供一个有效的参考依据，而且可以更好地对每个管理环节的流程标准化进行更加合理的设计。

第六章

▼

七步打造智慧校园
——中大型幼儿园
解决方案

打造智慧校园，非一日之功，也非投钱即可立竿见影的事情，需要一把手的决心、中层干部队伍的协同配合，需要标准化流程的梳理，需要对实施目标有一个明确的规划，就像盖一栋摩天大楼，先要打地基，然后才能出地面，最后才是内部和外部装修。

根据多年为幼儿园实施信息化的经验，我们总结出了一套"七步打造智慧校园"的方案，不同的幼儿园有不同的现状和需求，在真正实施信息化的时候可能不会严格按照该方案所述的七个步骤，但是对于各种规模的大部分的幼儿园或者儿童教育集团企业，该方案中所阐述的"以实施为前提考虑信息化部署"的思想，都可以作为一定的参考。

一、第一步：快捷收学费

预期达到的效果：

1. 实现家长在线或者扫码交学费，10天的工作变成2天，省去会计沉重负担

2. 整个集团收费状况一目了然，管理层可对经营状况轻松把握

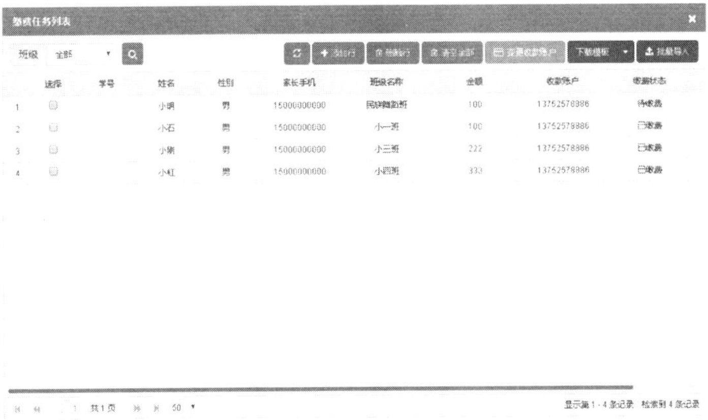

图6-1　会计设置收费任务表或者设置用于当面付的缴费区

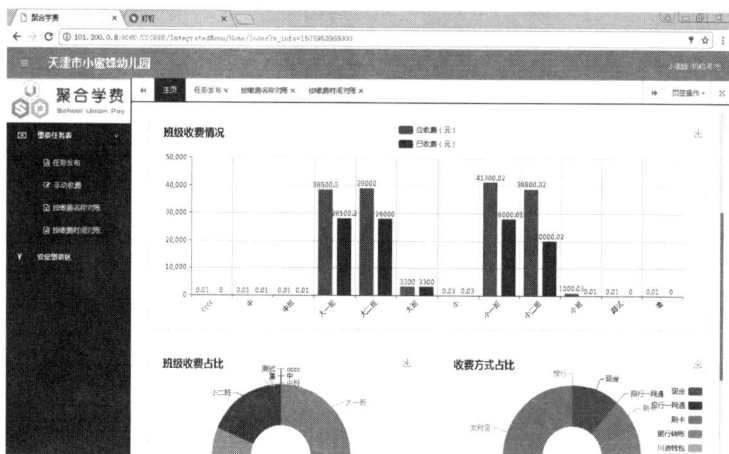

图6-2　缴费进度一目了然

图6-3　家长通过手机在线缴费或者在现场扫码支付

二、第二步：建立教师档案，开始移动办公

预期达到的效果：

1.轻松建立教师档案

2.开始简单的移动办公

1）内部通知

2）同事聊天

3）教师考勤：教师出退勤可通过打卡或者手机定位进行签到

4）各种审批：报销、借款、请假、加班、外出、出差、违规

为什么把这一步放在学籍管理（第三步）前面呢？原因是学籍管理需要协调家长参与，而家长人数多，意见不一致的可能性也比较大，所以实施难度比较高。通过这一步，首先让教师对信息化系统有一个基本认识之后，再推广给家长，实施

难度会在一定程度上降低，因此是一个合理的顺序。

从这一步开始，需要导入一个教师端APP。市场上的智慧校园产品，也有基于电脑端的，不过考虑到教师工作的特点，显然基于移动端的系统更有优势。

图6-4　教师端APP

图6-5 手机定位签到

图6-6 考勤统计

　　考勤是一个高频应用，同时也可以切实可行地提高园所人事工作的效率。所以，实施信息化，从考勤入手是一个比较好的方案。通过这个高频应用，让教师对信息化有一个认识，从而便于接下来的工作推进。

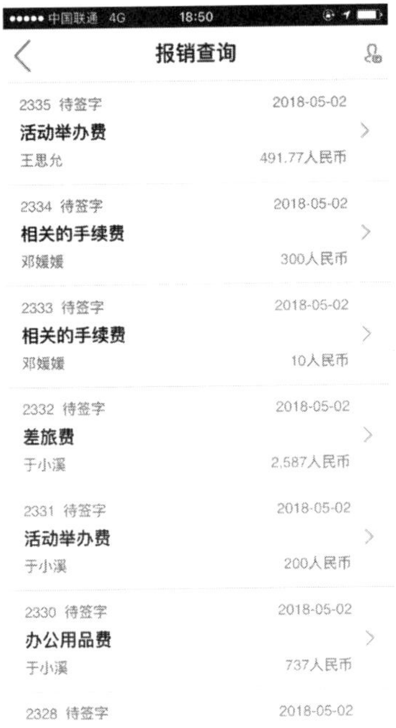
中国联通 4G
18:50
报销查询
2335 待签字
2018-05-02
活动举办费
王思允
491.77人民币
2334 待签字
2018-05-02
相关的手续费
邓媛媛
300人民币
2333 待签字
2018-05-02
相关的手续费
邓媛媛
10人民币
2332 待签字
2018-05-02
差旅费
于小溪
2,587人民币
2331 待签字
2018-05-02
活动举办费
于小溪
200人民币
2330 待签字
2018-05-02
办公用品费
于小溪
737人民币
2328 待签字
2018-05-02

图6–7　报销记录

三、第三步：建立学籍 → 画考勤 → 家园通

预期达到的效果：

1. 家长扫码提交学籍信息，减轻老师负担（图6-8）

2. 老师用手机随时随地画考勤，便捷高效（图6-9）

3. 全面启动家园通，跟家长沟通无障碍（图6-10）

图6-8　家长扫码提交信息

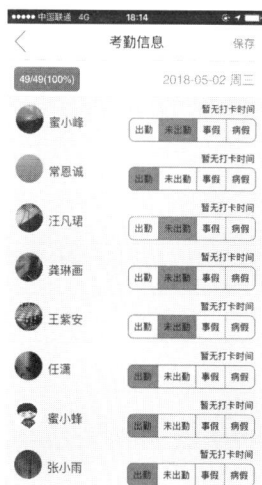

图6-9　老师画考勤，退费可联动

出勤信息
家长通知
家园联络本
园所食谱
成长点滴
今日所学
一对一聊天

图6-10　家长端APP/教师端APP/家园通

　　到了这一步，就到了彻底抛弃微信群的时候了！专业的家园通工具，可以避免微信群诸多弊端。图6-10中虽然写的是家长端APP，但实际上基于微信公众号以及支付宝生活号的方案，市场上也有不少。相比智慧校园整体方案来说，家园通是其中一个相对成熟的部分。

四、第四步：抓招生

预期达到的效果：

1. 通过幼儿园网站、公众号等进行宣传

2. 实现家长在线报名

3. 通过CRM系统管理招生活动、扩大招生

——"前几天，老师发现一种神奇的蛋，蛋的身上居然有一扇门，我悄悄地门打开，咦，会出现什么呢？"这样的对话会激发幼儿对"蛋"上的"门"产生好奇心……哦，原来他们在学习歌曲《小小蛋儿把门开》。老师通过语言导入和图谱的展示，激发幼儿产生对音乐活动的兴趣，体验表演活动的快乐。

图6-11　幼儿园公众号

图6-12　幼儿园招生管理

五、第五步：通过信息化手段全面进行教师管理

预期达到的效果：

1.教师考核：绩效数据自动汇总、人工打分系统

2.教学管理：课程表、备课教案

3.教师培训：建立精品课程库，缩短教师培训周期

图6-13　考核管理

图6-14　精品课程库

六、第六步：从工资到资产，信息化管理不断深化

预期达到的效果：

1. 教师工资：奖惩数据联动，保险公积金自动计算，工资表自动生成

2. 后勤管理：厨房采买、消耗品采购等流程规范化

3. 物品管理：物品在册情况、各种借出情况一目了然

图6-15　物品台账

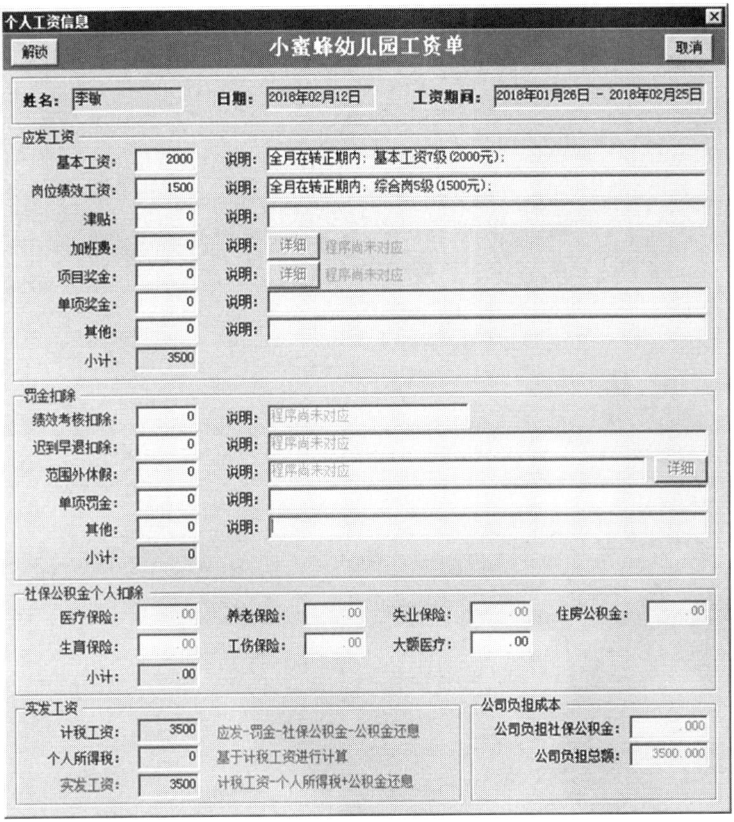
个人工资信息
解锁
小蜜蜂幼儿园工资单
取消
姓名： 李敏
日期： 2018年02月12日
工资期间： 2018年01月26日 - 2018年02月25日
应发工资
基本工资： 2000 说明： 全月在转正期内：基本工资7级(2000元)；
岗位绩效工资： 1500 说明： 全月在转正期内：综合岗5级(1500元)；
津贴： 0 说明：
加班费： 0 说明： 详细 程序尚未对应
项目奖金： 0 说明： 详细 程序尚未对应
单项奖金： 0 说明：
其他： 0 说明：
小计： 3500
罚金扣除
绩效考核扣除： 0 说明： 程序尚未对应
迟到早退扣除： 0 说明： 程序尚未对应
范围外休假： 0 说明： 程序尚未对应 详细
单项罚金： 0 说明：
其他： 0 说明：
小计： 0
社保公积金个人扣除
医疗保险： .00 养老保险： .00 失业保险： .00 住房公积金： .00
生育保险： .00 工伤保险： .00 大额医疗： .00
小计： .00
实发工资
计税工资： 3500 应发-罚金-社保公积金-公积金还息
个人所得税： 0 基于计税工资进行计算
实发工资： 3500 计税工资-个人所得税+公积金还息
公司负担成本
公司负担社保公积金： .000
公司负担总额： 3500.000

图6-16 工资单

七、第七步：盈利分析

预期达到的效果：

1. 一键生成利润分析表

2. 月度收支和年度盈利一目了然

表6-1　月度分析报告

《川迪小蜜蜂幼儿园》月度评估报告

（对象期间：2016年1月~2016年12月　作成日：2017年1月10日　计算基准：人民币）

	1月	2月	3月	4月	5月	6月	7月	8月	9月	10月	11月	12月	合计
销售额（元）													
〈13002/CDNX: 幼儿园招生运营〉收入	342,287.00	30,190.00	576,046.00	330,596.00	361,483.50	575,830.00	353,173.00	346,584.00	680,031.00	531,188.50	492,509.00	476,923.00	5,097,141.00
销售额（元）	342,287.00	30,490.00	576,046.00	330,596.00	361,483.50	575,830.00	353,173.00	346,584.00	680,031.00	531,188.50	492,509.00	476,923.00	5,097,141.00
外包费用（元）													
儿童保险支出	528.11	0.00	5,250.00	0.00	3,780.00	700.00	0.00	770.00	0.00	12,280.00	1,120.00	0.00	24,428.11
外包劳务费	12,843.00	4,433.00	0.00	0.00	17,804.00	17,838.00	16,686.00	4,995.00	4,203.00	12,485.00	13,713.00	15,178.00	120,178.00
采购成本	2,425.20	2,675.87	188,185.30	14,298.90	105,600.35	9,207.30	12,058.80	33,542.88	1,892.30	84,166.50	135,614.49	2,912.78	592,580.67
外包费用合计（元）	15,796.31	7,108.87	193,435.30	14,298.90	127,184.35	27,745.30	28,744.80	39,307.88	6,095.30	108,931.50	150,447.49	18,090.78	797,186.78
业务收入（元）	326,490.69	23,381.13	382,610.70	316,297.10	234,299.15	548,084.70	324,428.20	307,276.12	673,935.70	422,257.00	342,061.51	458,832.22	4,359,954.22
各种费用（元）	104,317.88	83,698.28	43,913.32	58,919.62	65,649.19	62,472.52	66,199.06	65,756.97	65,445.93	56,403.50	61,270.50	66,384.44	800,431.21
工资													
代缴个人所得税	9.00	18.60	0.00	9.30	10.20	18.30	43.77	9.00	47.19	9.00	18.00	98.53	290.89

续表

	1月	2月	3月	4月	5月	6月	7月	8月	9月	10月	11月	12月	合计
社会保险	28,370.19	23,430.19	23,430.19	27,896.72	25,887.88	24,999.28	29,322.34	22,804.08	21,292.43	28,850.69	26,284.69	26,284.69	308,853.40
业务公关招待费	0.00	0.00	0.00	0.00	0.00	0.00	0.00	0.00	0.00	0.00	0.00	628.00	628.00
会务费	0.00	0.00	0.00	0.00	0.00	0.00	0.00	0.00	0.00	0.00	23,600.00	0.00	23,600.00
修理费	0.00	0.00	0.00	0.00	0.00	0.00	0.00	0.00	0.00	0.00	3,500.00	0.00	3,500.00
厨房食材采买	32,989.04	0.00	32,410.01	38,459.00	36,301.14	0.00	75,918.88	0.00	23,516.88	39,017.89	36,947.29	38,011.89	353,572.02
家具和配套设施		1,200.00				656.00							1,856.00
差旅费	0.00	89.00	0.00	128.70	91.00	136.00	72.00	73.00	0.00	173.30	0.00	1,773.40	2,536.40
房屋租金或还贷	129,471.00	0.00	0.00	129,471.00	0.00	0.00	129,471.00	0.00	129,471.00	0.00	0.00	129,471.00	647,355.00
水电采暖费	22,619.00	C.00	20,788.00	758.00	1,570.00	19,793.00	9,504.00	5,966.00	19,008.00	13,586.00	29,297.00	19,008.00	161,924.00
活动举办费	0.00	7,421.00	0.00	0.00	0.00	12,060.10	4,380.00	0.00	0.00	0.00	0.00	0.00	23,861.10
燃料费	14,560.00	0.00	1,920.00	2,160.00	2,400.00	2,400.00	2,400.00	0.00	0.00	0.00	4,800.00	17,900.00	48,540.00
薪资福利费	46,887.00	13,950.00	2,200.00	28,616.00	12,150.00	28,094.00	9,350.00	13,400.00	29,052.00	13,900.00	14,375.00	17,225.00	229,199.00
资料费	0.00	0.00	0.00	0.00	20,515.35	0.00	0.00	0.00	0.00	0.00	0.00	0.00	20,515.35
邮电费	0.00	500.00	250.00	0.00	250.00	250.00	250.00	260.00	250.00	250.00	500.00	250.00	3,010.00
费用合计（元）	379,223.11	1,30,307.07	124,911.52	286,445.34	164,824.76	150,879.20	326,911.05	108,269.05	288,083.43	152,190.38	200,592.48	317,034.95	2,629,672.37
毛利润（元）	-52,732.42	-106,925.94	257,699.18	29,851.76	69,474.39	397,205.50	-2,482.85	199,007.07	385,852.27	270,066.62	141,469.03	141,797.27	1,730,281.85

　　因为在前面阶段的工作中，已经建立起了利润中心（学费）和成本中心（费用、教师工资），所以这里可以通过系统一键生成利润分析表，月度收支和年度盈利一目了然！

　　幼儿园信息化实施到这一步，就已经站在一个很高的台阶上了！

八、小结

    前面对打造智慧幼儿园所需要的七个环节进行了描述，实际实施的时候，各个幼儿园的情况多种多样，对信息化的接受程度千差万别，家长的层次也不尽相同，所以需要因地制宜，针对自己的幼儿园确定合适的实施方案。

    另外，幼儿园的管理工作，有的可能并没有包含在上述七个步骤之中，例如：饮食营养管理等等。可以根据上述七步所基于的原则和思想，自己进行每一步内容的删减调整。

    如前所述，市场上的产品多种多样、千差万别，单纯进行功能比较，可能没有太大的实际意义，更多是要站在IT战略合作伙伴的角度去评价供应商，站在实施的角度去考虑整体的进度方案。

九、如果把实施信息化比作造一栋摩天大楼

如果把幼儿园实施信息化比作造一栋一百层的摩天大楼，那么这个大楼的建设过程应该是这样的（如图6-17所示）：

幼儿园实施信息化和盖大楼一样，需要把基础打牢，只有这样后才能留下一个从里到外都优秀的作品。在地基打牢之前盲目行动，可能会事倍功半。在打地基阶段，首先要领导下决心，其次要统一全体教职工的思想。信息化工作往往不会一帆风顺，需要领导决策、员工配合，方可顺利推进。

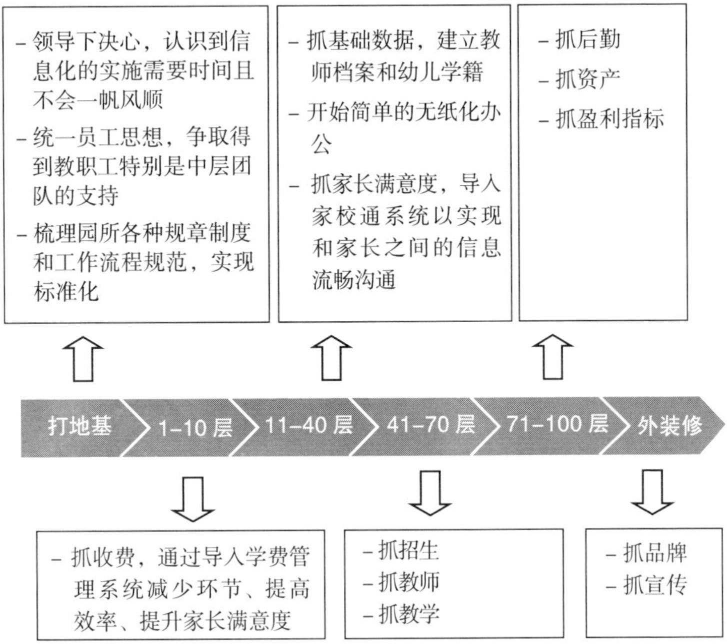

- 领导下决心，认识到信息化的实施需要时间且不会一帆风顺
- 统一员工思想，争取得到教职工特别是中层团队的支持
- 梳理园所各种规章制度和工作流程规范，实现标准化

- 抓基础数据，建立教师档案和幼儿学籍
- 开始简单的无纸化办公
- 抓家长满意度，导入家校通系统以实现和家长之间的信息流畅沟通

- 抓后勤
- 抓资产
- 抓盈利指标

| 打地基 | 1–10 层 | 11–40 层 | 41–70 层 | 71–100 层 | 外装修 |

- 抓收费，通过导入学费管理系统减少环节、提高效率、提升家长满意度

- 抓招生
- 抓教师
- 抓教学

- 抓品牌
- 抓宣传

图6-17　实施信息化和盖摩天大楼的对比

第七章

▼

将系统"工具化"
——小型幼儿园
解决方案

一、小型幼儿园的定义

严格来讲，在实施信息化的时候将幼儿园分为小型和中大型并不是十分合理。标准化和信息化，对任何企业而言，都应该从小规模的时候就开始考虑，"等大了再说"的想法是不正确的。就像孩子的教育，小的时候没有打下一个良好的基础，没有养成一个良好的生活和学习习惯的话，那么长大之后就很难纠正了。

信息化的实施，往往伴随着管理流程的重新梳理，在人、财、物等各方面，都会不得不去变革已经形成的习惯，所以在很多情况下得不到相关人员的支持。突然实施，会伴随着阵痛，由于实施信息化导致员工团队甚至是干部团队流失的情况，也并不鲜见。

正因为如此，除非永远安于现状，幼儿园的信息化，早实施比晚实施要好！

在本章中，我们并不是在信息化实施目标方面将小型幼儿园和中大型幼儿园加以区分，而是站在便于实施的角度，对小型幼儿园提供了一些建议和方案。小型幼儿园，也要有信息化的规划蓝图，只不过因地制宜，先从简单入手而已。

二、什么是"工具化"的系统？

系统和工具的区别是什么？

系统是由相互作用相互依赖的若干组成部分结合而成的，具有特定功能的有机整体，而且这个有机整体又是它从属的更大系统的组成部分（摘自钱学森《论宏观建筑与微观建筑》）。工具，原指工作时所需用的器具，后引申为达到、完成或促进某一事物的手段。

从上面的定义可以看出：复杂性，是区分系统和工具的最简单的标准。

那么什么是"工具化"的系统呢？

作为工具集的系统，是指在系统设计的时候，刻意降低各个组成部分的"相互作用和相互依赖"的关系。如第五章所述，通过"中间层"的设计，降低耦合性，从而做到便于实施。幼儿园的信息化实施，注定是一个由浅到深的过程，一个庞大而复杂的系统，在信息化实施的初期阶段，是不现实也没有必要的。这正是"工具化"的系统存在的意义。

一个小型幼儿园，我们建议从工具集开始实施，然后逐步迁移到系统，但是需要注意的一点是，这个"迁移"过程，并不是到某一个时间点，废掉原来的工具，然后再去购买一个新的系统。因为就算系统可以重新部署，但是积累下的数据、培养成的用户使用习惯，如果都从头开始的话，那么是得不偿失的，损失也过于惨重。

正因为如此，工具集实际上是系统的一个侧面，而不是单独存在的、数据割裂的零碎的模块。作为工具集的系统，表面上看，是由系统"降级"得到的，而实际上，系统能够"降级"为工具集，正是其先进性的表现。我们虽然使用了"工具"这个词，但是称其为"工具化的系统"实际上更为贴切。

换句话说，系统是否可以"降级"为工具集，是判断一个系统能否长期伴随幼儿园成长的重要判断条件之一。这个判断条件对于幼儿园信息化系统选型，有着重要的指导意义。

而系统是否可以"降级"为工具集，与第五章中所描述的"中间层"设计，有着直接的关系。缺失了"中间层"设计思想的系统，是很难"降级"为工具集进行使用的，因此也就不能打通幼儿园在各种"境界"（见第五章中的描述）时使用系统的过程中所积累下来的数据。

三、适用于小型幼儿园的"工具"

（一）举例1：收学费工具

收学费，本来应该是一个复杂的过程，要考虑的因素有很多，包括班级数据、学籍数据、幼儿出勤数据等等，如果把这些数据都建立起来之后再进行收学费的工作，那么在很多情况下会导致系统无法实施。

基于"对现有工作流程不进行破坏式创新"的原则，在收学费这件事情上，可以在初期采用如下的"工具"。

这个工具是由会计提交缴费任务Excel表，然后上传即可。会计平时本来也是如此工作的，所以对于这个"工具"的运用，不会遇到任何阻力。另外这个工具可以帮助会计解决如下几个方面的问题：

—— 家长在线交学费，学费自动进入提前设定的账户

—— 对于延迟缴费的家长，可以一键催费

　　—— 可以进行后期数据统计和展现，收费过程和收费结
　　果一目了然

　　可见，作为一个"工具"而言，它的功能是十分强大
的。而且，这个工具是由一个复杂的系统"降级"得到的，它
并不是与系统割裂的一个独立的模块，而只是由于快速实施的
需要而被用于幼儿园信息化的一个特定的阶段。将来幼儿园
实施"考勤联动"和"学籍联动"的系统的时候，通过该工
具所积累起来的数据，会成为系统数据的一部分，而不会被
废掉。

表7-1　收学费工具

班级名称*	学号	姓名*	性别	家长手机*	收费金额*	说明
小一班	16004	张小西	男	12012345678	1200.00	
小一班	16005	李小米	男	13054263634	1250.00	
小二班	16035	蜜小蜂	男	15052634743	1200.00	
小二班	16036	王小明	男	12202063677	2400.00	两个月
小一班	16006	李莉	女	13054263477	5000.00	
小一班	16007	王鹏	男	14563467347	1200.00	
小二班	16037	赵晓红	女	12712344321	1850.00	园服费

（二）举例2：学籍录入工具

　　学籍录入是一个费时费力的工作。特别在下面两种情况

下，学籍录入的工作量非常大。

1）新生招生时：由于电脑不在身边，所以无法及时录入信息。

2）新生入学时：由于要集中录入大量的信息，所以导致老师要花费大量的时间录入数据。

移动学籍信息录入工具，可以帮助幼儿园解决上述问题。移动学籍录入有两种方式，如图7-1所示。

图7-1 移动学籍信息录入工具

第一种，老师通过APP随时随地录入信息（图7-1左）。

第二种，老师出示二维码，家长扫码，然后自主录入信息（图7-1右）。

无论通过哪种方式录入，信息都会集中存储在系统的服务器上。导出Excel，再导入需要导入的地方，例如教育局的学籍管理系统等等，就完成了信息录入。

信息通过手机录入，降低了老师的工作量，Excel文件由系统导出，不会发生格式上的错误。这两点是学籍录入工具给幼儿园带来的便利。

（三）举例3：画考勤工具

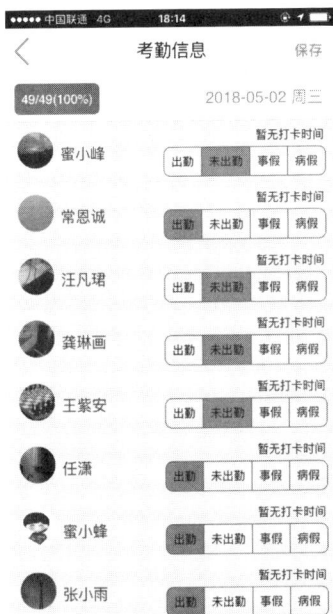

图7-2　幼儿考勤管理工具

传统的幼儿考勤管理，是由特定的人每天在纸质表格上画√，费时费力，数据不能实现一元化管理。

上面这种画考勤工具（图7-2），在幼儿园可以得到轻松的运用。老师调出自己的班级，每天"点名"一次即可。会计可以在自己的手机端确认全园的考勤状况，必要时可以打印出来，用于做学费时的计算依据。

从画考勤的工具入手，未来实施整体系统的时候，考勤可以直接与退费计算联动。到那个时候，无论是老师还是会计，都已经熟练掌握了所有的操作步骤，所以从工具到系统的迁移，就成为一个毫无负担的事情了。

第八章

实战打造智慧幼儿园
——总结篇

一、实施信息化为什么难？

　　企业实施信息化，从流程梳理到分步实施，通常需要经历一个复杂和漫长的过程。信息化的本质，并不是上一个系统那么简单，而是要从上到下树立起过程管理的意识，它涉及多部门的参与，要对企业的流程进行梳理，正因为如此，信息化的实施在很多情况下，并不是一帆风顺的，会遇到如下所示的各种各样的问题：

　　1. 需求分析阶段涉及多个部门的参与，特别是由于信息化本身的特点，往往涉及很多企业领导和部门领导的参与，怎么高效率地度过需求分析阶段，是企业实施信息化时遇到的第一个问题。

　　2. 费了很大的力气购买或者开发出来的系统不符合本企业的需求，需要持续不断地改进，才可以得到真正的应用，而各个业务部门工作繁忙，每天抽出很长时间进行信息化探讨和培训的过程，能持续多久，是一个问题。一旦遇到"是去做项目还是开会讨论信息化"这样的问题，很多领导会不自觉地以影响自己考核指标的业务为重，而忽视了信息化实施的进程。

3. 基层员工认为信息化给他们添了麻烦，或者一些工作中的不合规行为担心被监控了，因此会从心底抵触。特别是有些企业在实施信息化之前，考核体系还没有运行良好，这种情况，信息化的实施伴随着考核制度的落实，这些都会对基层员工的积极性带来影响。

4. 像很多项目一样，信息化实施是一个平衡成本和产出的过程。系统采购和开发，到底应该花多少钱，价格高了嫌贵，价格低了觉得不靠谱。市场上同类系统种类繁多，信息化系统的选型，是一个放在企业面前的严峻的问题。

5. 企业经营涉及各种各样的系统，例如人力资源、财务、OA、业务管理、CRM等等，很多情况下不可能只采购一家供应商的，可是，系统来源多了，会导致彼此不兼容，形成一个个"信息孤岛"，对后期的整合造成巨大的困难。

以上说的是一般企业的情况，对幼儿园，除了上述问题之外，还有一个问题就是：在实施信息化的过程中，如何摆正家长的参与角色，同时让其配合。

很多幼儿园实施信息化，是从门禁机和家园通开始的，可是对于家长为什么要配合打卡的理由，却没有想清楚。不打卡算缺勤，打卡算出勤，可是对家长来说，缺勤意味着什么呢？意味着可以少交学费！这种逻辑上的矛盾，在实施信息化之前，必须想清楚，才能在实施过程中降低难度。

二、实施信息化时的注意事项

　　正是因为存在着这样或者那样的困难，企业信息化，往往是一个典型的"一把手工程"。首先，一把手要下决心，其次，要通过教育让中层员工全心全力地配合这项工作，然后才有可能有后面的顺利开展。

　　另外，考虑到幼儿园的特点以及信息化实施过程中可能出现的困难和风险，我们建议幼儿园实施信息化时遵循如下原则：

　　1．如第三章所述，"从内到外"，"先管数据再管过程"，"对现有工作流程尽量不去做破坏式创新"，这些都是重要的原则。

　　2．尽可能采用集成化的系统：幼儿园的业务逻辑并不复杂，信息化的实施最终目标并不是很高的水平层次，这种情况下，办公做个OA，业务做个ERP，市场做个CRM……当然不排除一些特大型集团的存在，但是通常情况下，大部分幼儿园并不需要做到这样的程度。目前市场上有一些这样的"集成化的""轻量级的"系统，这类系统一方面降低了实施难度，另一方面可以避免日后信息孤岛的产生，从而从整体上降低投资。

3. 选择支持分步实施的系统：在第五章中，我们对"中间层"在信息化系统中的重要性进行了阐述。中间层的存在，并不仅仅是一个技术问题，它其实也是信息化实施时的一个首要考虑因素。例如，实施家园通系统的时候，先不考虑学籍，等大家适应了再考虑；再比如，先让老师发简单的"今日所学"信息，然后再将其与教案提交、教案的审批流程进行挂钩。系统要做到这种程度，并不是到了某个阶段再进行定制开发，而是要从最初就选择"支持分步实施"的系统才可以。然后，让系统实施随着管理需求的进步而进展，既要做十年规划，又要同时针对现状进行部署和实施。

4. 选择合作伙伴而不是某个系统：在信息化的时代，每个企业，包括每个幼儿园，都需要有自己的IT战略。然而，IT本身是一个非常专业的事情，从开发到实施到日后的运营和长期维护。这里面每一步，对一个传统企业来说，都是挑战！正因为如此，购买信息化系统，图便宜的思想是不可行的，IT投资需要做进企业的预算，然后长期执行下去。从心态上，与其说是选择一个软件，不如说是选择一个IT战略合作伙伴。在当前这个年代，合作才有出路，异业合作的重要性，变得越来越突出。

三、数据安全的重要性

实施信息化，从迈出第一步的时候开始，就要重视数据安全性，特别是客户和用户的隐私数据保护。

有人说互联网的模式就是免费，这种模式可能在某些行业畅通无阻，但是对幼儿园等教育机构，却并不应该如此。有句话叫作"免费的是最贵的"，是有道理的。拿互联网的免费商业模式去做教育，特别是在教育机构信息化方面，在很多情况下会栽跟头。每个幼儿园，都有保护在园幼儿和家长信息的义务。如果免费是以数据泄露为代价，那么是万万不可取的！

看看一些发达国家在幼儿数据保护方面的现状，或许会对我们有所启发。

在日本，公民的个人隐私保护意识极强，曾经发生过老师把家校联络本放反了位置，导致A、B孩子的信息，分别发给B和A的家长，为此引起轩然大波，最终受到文部科学省的警告处分。

倍乐生（Benesse），是一个知名度很高的日本儿童教育品牌，旗下提供函授教育服务的"进研Zemi"曾经发生过约760万份用户信息外泄的严重事件。外泄信息包括儿童和家长的姓名、住址、电话号码、儿童出生日期和性别等。东京警视厅在接到该公司举报后，以涉嫌违反《反不正当竞争法》展开了调查。之后日本经济产业省对其做出警告，指出致顾客个人信息外泄违反日本《个人信息保护法》，希望其公司能彻底防止此类事件再次发生。尽管倍乐生采取了很多补救措施，但是其股价还是一落千丈，在日本民众中的信誉经过了多年才得以恢复。

这样的例子，不胜枚举！

有人认为中国人对隐私泄露更宽容，事实是这样的吗？NO!

不违法的，不一定是合适的，没有引起大家重视的，并不一定是来自所谓的"宽容"！很多时候，问题会出现在大家都不认为有问题的时候。

近几年，中国的幼儿园出了一些安全事故：校车事故，虐童事件，等等，由此引起了全社会的广泛关注，正是在这种社会氛围下，出现了"幼儿园视频公开给家长"的需求，一时间，有人支持，有人反对，众说纷纭。

老师是否应该工作在数十双眼睛之下，看别人的孩子是否侵犯了他人的隐私，即使所有这些都搁置不谈，单就信息泄露的风险而言，也是需要认真对待的。密码泄露、黑客入侵、内部的人泄密……一个比一个难以应对，互联网在给人们带来了极大方便的同时，大规模的隐私泄露却在成为一个丢不掉的梦魇。

作为幼儿园的投资人和经营管理人员，在考虑通过信息化技术改善管理、提高品牌知名度的同时，信息安全和隐私保护，是首先要考虑的问题。相信一个时刻注意保护用户隐私的幼儿园，会更加得到家长的尊重。

四、智慧校园的一天

让我们一起走进小蜜蜂幼儿园，看看智慧校园的一天。
首先介绍一下登场的人物：

表8-1　小蜜蜂幼儿园主人公

	汪汪	总经理（投资人）
	杨艳	园长
	李敏	财务
	工婷婷	教师（班级：Kitty班）
	蜜小蜂（3岁）	班级：Kitty班
	花仙子	蜜小蜂妈妈

（一）花仙子的一天

图8-1　从打卡开始新的一天

图8-2　打卡之后手机会收到一条出勤信息
打卡信息会推送到事先登录的手机号

图8-3 白天可通过家长端APP接收园所通知

图8-4 闲暇时间可通过家长端APP看看孩子在幼儿园的状况

图8-5　在宝宝日记发照片，和幼儿园老师一起共同记录孩子的成长；在家
园联络本留言，跟老师沟通；跟孩子一起学习网上课件资源

图8-6　一键支付学费，缴费历史记录一目了然

图8-7　孩子毕业的时候，在线成长日记、毕业留言、毕业照
——为孩子留住三年的美好时光

　　对蜜小蜂妈妈来说，信息化的工具让她更加方便地跟幼儿园老师沟通，让她跟孩子一起学习和成长，让孩子更安全，并且可以通过各种电子化手段为孩子留下幼儿园三年的美好回忆。

（二）会计李敏的一天

编号	提款日期	支付日期	记账日期	提款人	金额	币种	科目	资金出处及详细说明	发票	银行	支付	审批	业务状态
☐ 109	20130831	20130831		曹秋良	2514	人民币	群修福利费	项目成本(13002/CDXX/幼儿园租生活费 100%) 详细说明： 当时作工资的时候，还没有使用OCS啦，所以还没算得很细，从9月份开始，全是使用OCS来算工资，所以就不再说啦。	有		现金		处理完毕
☐ 1	20140117	20140207		孙爱刚	345	人民币	借比费	项目成本(13001/CDXX//川通幼系列第二幼园城幼儿园管理 100%) 详细说明： 11月电话费	有		现金		处理完毕
☐ 2	20140117	20140207		孙爱刚	75	人民币	办公用品	项目成本(13002/CDXX/幼儿园租生活费 100%) 详细说明： 后成用小吾但个每个	有		现金		处理完毕
☐ 71	20140314	20140319	20140319	李瑞	1217.55	人民币	办公用品	项目成本(13002/CDXX/幼儿园办公用品总是配套面配具，共计1217.55元，详细如下： 采购批次号：14031010249 详细说明： 购买的儿园办公用品是配套面配具，共计1217.55元，详细见录件。	无		现金		处理完毕
☐ 72	20140314	20140319	20140319	李瑞	298	人民币	办公用品	项目成本(13002/CDXX/幼儿园相生活费 00%) 项目成本(13003/CDXX/培课学校招生活费 20%) 详细说明： 购买幼儿园和培课学校办公用品，明细如下： A4大小文件袋：15元×5个=70元 三色书架：19元×1个=19元 小纸盒：0.24元×200个=48元 A4大小文件袋：0.625元×200个=125元 白毛巾：0.9元×40个=36元 共计70+19+48+125+36=298元。	有		现金		处理完毕

图8-8 支付报销和借款

系统中会留下每一笔报销和借款的详细记录，财务数据一目了然！

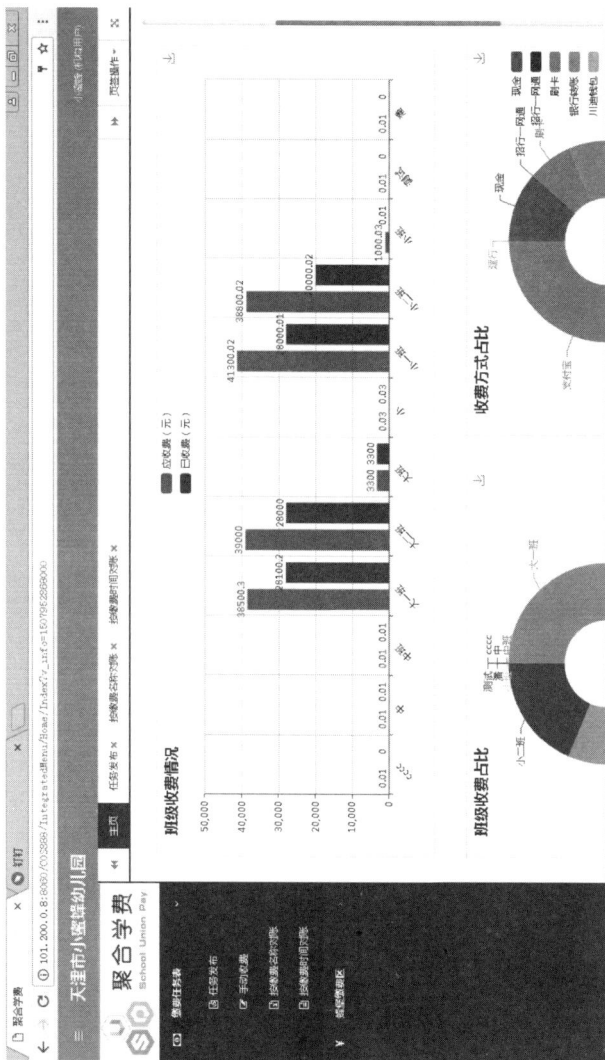

图8-9　收学费缴费任务表在线付，家长扫码付，校园商城在线买

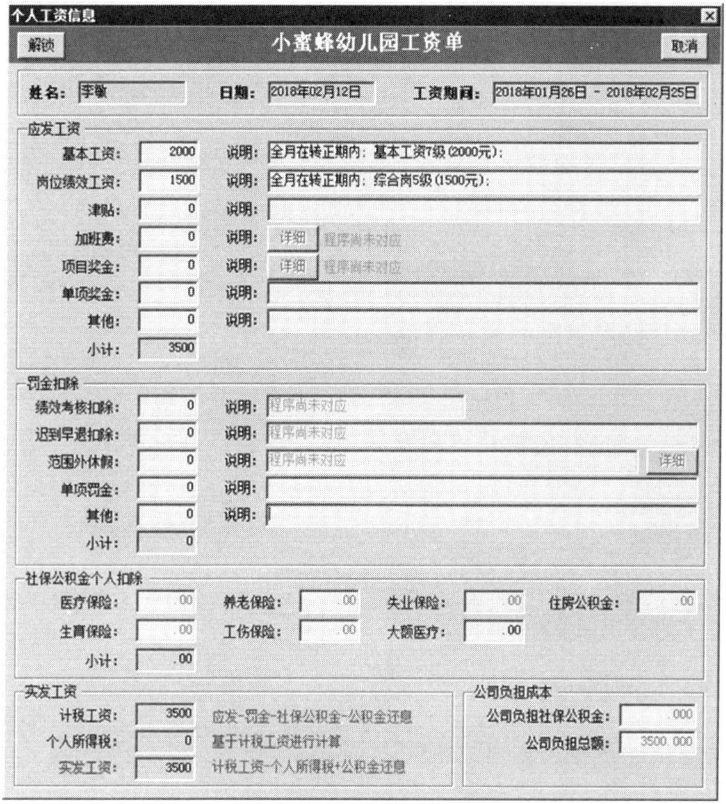

图8-10 一键生成工资单
工资单跟考勤联动、跟考核联动，自动计算社险公积金，可一键发给老师

对李敏会计来说，信息化让她收学费方便了，算工资容易了，报销借款清晰了，向上级汇报简单了。会计岗位，是从信息化见效最快、获益最多的岗位之一，信息化的手段，可大大提高工作效率，减轻工作负担。

（三）老师王婷婷的一天

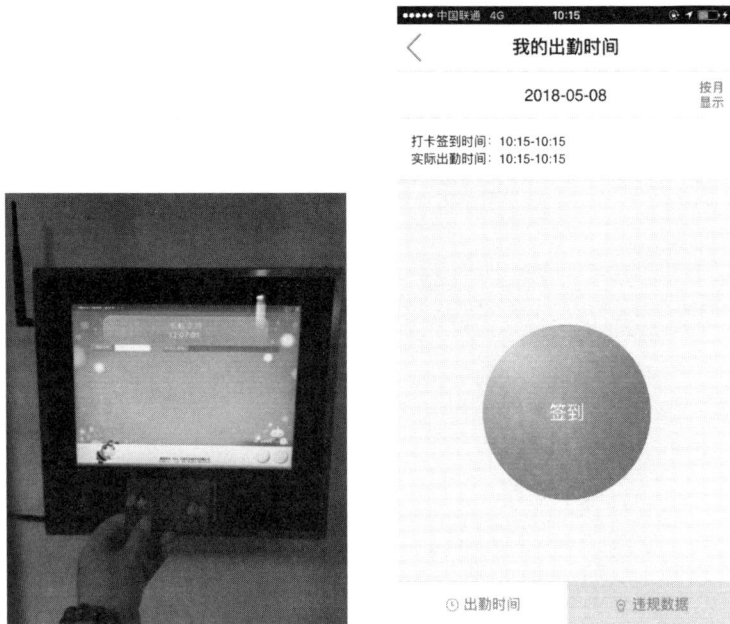

图8-11　打卡或者签到上班

　　老师出退勤时可在考勤机上打卡，也可通过手机进行签到。打卡或签到后出勤信息将被自动记录，另外系统可以根据排班信息自动分析出迟到、早退等违规数据，老师对自己的考勤处理结果一目了然。由于公事或者不可避免的原因导致违规数据时，老师可以提出"辩解申请"，审批通过后由人事部门进行特殊处理，以免影响工资计算。

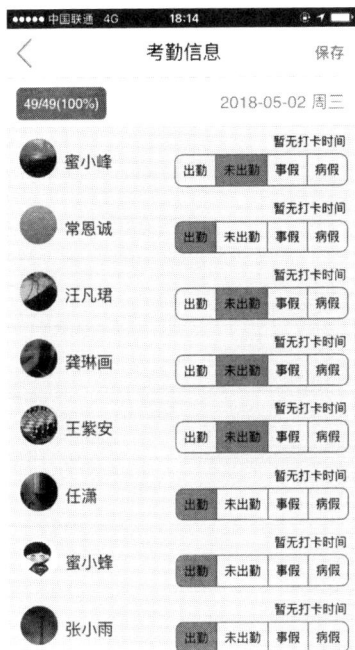

图8-12　给班里孩子批量画考勤

画考勤对于老师来说是一个费时费力的任务，纸质表格的保存、归档以及与会计之间的信息传递也可能由于工作失误导致幼儿学费计算的错误。通过APP画考勤，可以有效规避纸质表格的问题，全部操作可在线上完成，必要时再打印输出纸质考勤表。

另外，如果幼儿园安装了考勤机，那么幼儿考勤打卡时间还可以自动同步到画考勤的界面上，如果家长通过APP请假了，那么请假信息也会显示出来，对老师一目了然。更方便的是，通过系统画考勤还可以自动分析出班级出勤率等各项指标，便于老师对幼儿出勤状况进行及时的把握。

孩子照片
班级通知
老师的话

基于资源库快速备课
备课结果园长可审批

线上
备课

发家
园通

自我
考核

写家园
联络本

查看园
所通知

图8-13　各种日常工作

　　除了前面所说的内容之外，小蜜蜂幼儿园的老师通过信息化平台还可以完成各项日常工作，例如：发送家园通信息、写家园联络本、查看园所通知、自我绩效考核、线上备课等等。

　　对王婷婷老师来说，信息化给她提供了从家园通到备课、考核、办公等一系列的便捷工具。幼儿园里基本上都是像王婷婷这样的年轻老师，对信息化的接受程度高，所以一般都会很快上手。

（四）园长杨艳的一天

员工	

图8-14　管理教师档案

教师的各种信息，包括一般信息、资格证信息、家庭信息等等，可以方便地进行录入、管理和统计。

对教师建档之后，就可以对其考勤、日报、排班、年假、考核、赏罚等各种信息进行在线管理了。很多信息系统还设立有积分制度，可与教师的行为表现进行挂钩，提升教师的工作积极性以及对园所事务主动参与的积极性。

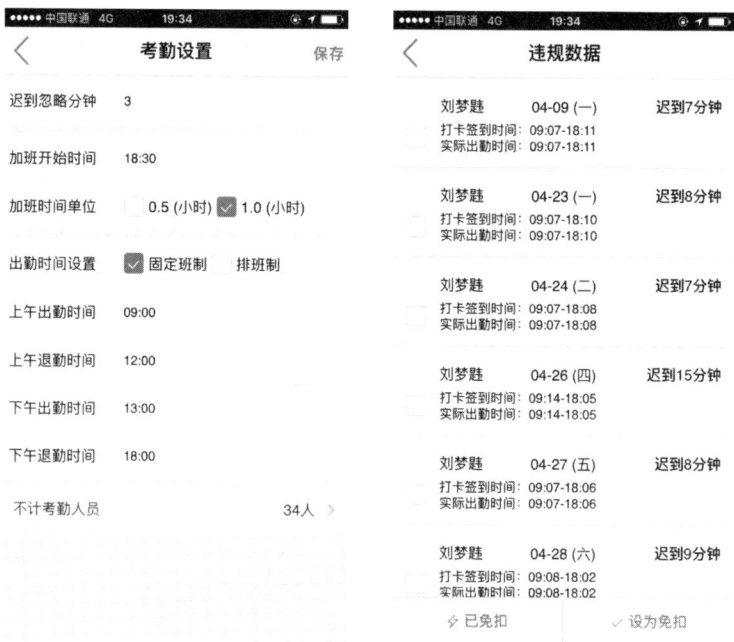

图8-15　管理教职工出勤

　　系统可以针对考勤管理设定各种各样的参数，例如：固定班制还是排班制、出退勤时间是几点、几点开始算作加班、迟到几分钟可以忽略不计等等。这些参数基本上可以满足大部分幼儿园的个性化需求。

　　通过信息化管理系统，园长可以在线处理教职工的迟到早退等违规数据以及病假、事假、外出、出差等申请。

图8-16　管理教师考核——对日常工作规范进行考核

　　通过预先设定的考核模板，园长可以对教师进行绩效考核。考核时可以手持手机或者平板电脑，在教室里一边听教师发表一边打分，非常方便。模板可以是五分制、百分制，各项考核指标可以随意定制，另外考核还可以设定是否需要自评，可以设定多个考核人并给予不同的权重。

2016 ▼ 年 1 ▼ 月									
班级编号	班级名称	班级定员	班级人数	主班	配班	保育员	月出勤总人次	2.5岁以下出勤人数	锦旗
0001	kitty班(托班)	0	27	杜成娣	赵瑾	陈宁宁	238	2人(总人次25)	本月0，累计0
0002	Winnie班(中班)	0	29	张倩云	杨艳菲	潘月兰	347	0人(总人次0)	本月0，累计0
0003	Nemo班(中班)	0	30	Eddy	杨艳菲	陈宁宁	278	0人(总人次0)	本月0，累计0
0004	Muffy班(大班)	0	34	莫桦等	杨艳菲	陈宁宁	390	0人(总人次0)	本月0，累计0
0005	Mcdull(小班)	0	27	刘爽	赵瑾	陈宁宁	364	0人(总人次0)	本月0，累计0

第1页 [2] [3]

图8-17　管理教师业绩——出勤率等各种指标一目了然

与前面的主观评分相比，这个功能是对教师的各项业绩指标进行客观统计。这些指标包括：

—— 班级月出勤总人次（或出勤率）

—— 班里2.5岁以下幼儿出勤人次

—— 是否获得了来自家长的在线锦旗

—— 发送家园通信息的频次

……

请选择班级: Kitty班 (托班) ∨　　　　　　　　●进行中班级 ○已毕业班级

	学号	姓名	性别	出生年月日	民族	家庭成员	备注	(保送关效日期)	入籍档卡	建置科目	通知手机
☐	140291	孙阳昊	男	2012-10-01	佤族	编辑家庭成员		2016-10-25	✓	✓	
☐	150011	丁瑞呈 (Luffy)	男	2012-10-13	汉	编辑家庭成员	3岁以下，2012.10.13出生。	2016-02-25	✓	✓	
☐	150041	李梦珊	女	2012-09-12	汉	编辑家庭成员	Kitty班	2016-03-25	✓	✓	
☐	150107	贾宜宁	男	2013-07-07	汉	编辑家庭成员	补计2015.7入托班	2016-06-25	✓	✓	
☐	150134	石海正	男	2012-09-11	汉	编辑家庭成员	门末，园服，裤裤已领	2016-08-25	✓	✓	
☐	150160	谢昱琳	男	2012-10-05	汉	编辑家庭成员	裤裤糕，园服门卡已领，园服配齐领；	2016-08-25	✓	✓	
☐	150161	陈以楠	男	2012-09-06	汉	编辑家庭成员	门末，裤裤糕，园服配齐领；	2016-05-25	✓	✓	
☐	150168	孙奕容	男	2012-12-30	汉	编辑家庭成员	补计2015.6.10入园	2016-06-25	✓	✓	
☐	150169	张文琳	男	2013-03-02	汉	编辑家庭成员	门末，裤裤糕，园服配齐领；	2016-08-25	✓	✓	
☐	150181	马浩诚	男	2013-01-15	汉	编辑家庭成员	3岁以下，托费2400/月	2016-08-25	✓	✓	
☐	150188	罗天晴	男	2012-10-12	汉	编辑家庭成员	3岁以下，托费2400/月，园服，裤裤糕，门卡已领，未交证件	2016-08-25	✓	✓	
☐	150191	刘腾远	男	2012-09-14	汉	编辑家庭成员	补计9月入园，确定要托班名额。裤裤糕门卡已领，未交费用	2016-09-25	✓	✓	
☐	150198	倪佳柔	男	2012-12-26	汉	编辑家庭成员	3岁以下，托费2400/月，裤裤糕园服门卡已领。		✓	✓	
☐	150206	李卓然	男	2013-02-17	汉	编辑家庭成员	3岁以下，托费2400/月，一次性园服门卡已领。一次性一年托育费9折; (2015.9.1-2016.1.31三岁以下月每月教育费2050元9折：2016.2.1-2016.8.31三岁以上上每月教育费1950元9折:)	2016-07-25	✓	✓	

图8-18 管幼儿学籍

缴费时间： 2016年 ∨ 2月 ∨ 全部 ∨　　缴费方式： 全部 ∨　　　　　● 显示非缴费任务
所在班级： kitty班（托班） ∨　　　　　　幼儿姓名： 全部幼儿 ∨　　　　　○ 显示非缴费科目

ID	幼儿编号	幼儿姓名	班级	设定时间	设定人	缴费时间	操作人	备注	缴费明细	缴费金额	缴费方式
6099	140291	孙柏晨	kitty班(托班)	2016-01-29 12:47:41	李毓婕	2016-02-04 10:08:42	李毓婕	保育费:2016年01月,已缴费1650元,应出勤20天,连续半个月或以上缺勤0天,无退费。餐费:2016年01月,已缴费350元,应出勤20天,缺勤0天,退费30元。	查看	1990	小额转卡
6101	150041	李梦琪	kitty班(托班)	2016-01-29 12:49:05	李毓婕	2016-02-04 10:08:46	李毓婕	2月用费已清;	查看	1175	小额转卡
6107	150169	张文斌	kitty班(托班)	2016-01-29 12:52:28	李毓婕	2016-02-04 10:08:48	李毓婕	保育费:2016年01月,应出勤20天,连续半个月或以上缺勤0天,餐费:2016年01月,已缴费350元,应出勤20天,缺勤0天,2月用费已清120元。2月托费已清;	查看	2280	小额转卡
6109	150188	罗天晴	kitty班(托班)	2016-01-29 12:53:08	李毓婕	2016-02-04 10:08:49	李毓婕	保育费:2016年01月,已缴费1950元,应出勤20天,连续半个月或以上缺勤0天,无退费。餐费:2016年01月,已缴费350元,应出勤20天,缺勤0天,2月托费已清;	查看	2300	小额转卡
6120	150235	赵姿婕	kitty班(托班)	2016-01-29 13:09:23	李毓婕	2016-02-04 10:08:50	李毓婕	保育费:2016年01月,已缴费350元,应出勤20天,连续半个月或以上缺勤15天,应出勤20天,餐费:2016年01月,已缴费350元,缺勤15天,缺勤0天1天,225元,2月托费已清;	查看	1150	小额转卡

图8-19　查看学费明细

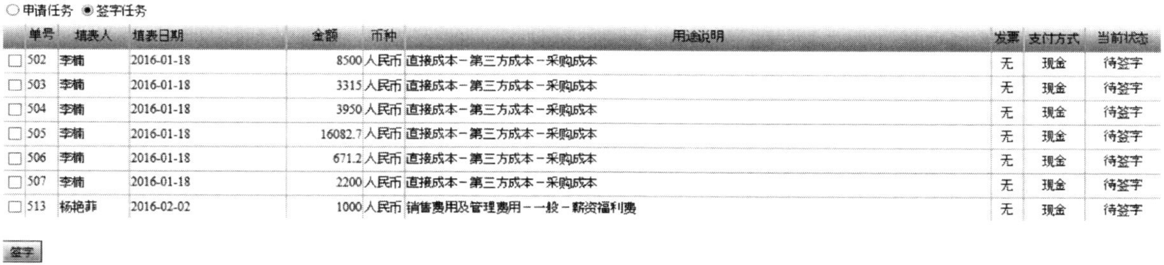

○ 申请任务 ● 签字任务

单号	填表人	填表日期	金额	币种	用途说明	发票	支付方式	当前状态
☐ 502	李楠	2016-01-18	8300	人民币	运营成本－第三方成本－采购成本	无	现金	待签字
☐ 503	李楠	2016-01-18	3315	人民币	运营成本－第三方成本－采购成本	无	现金	待签字
☐ 504	李楠	2016-01-18	3950	人民币	运营成本－第三方成本－采购成本	无	现金	待签字
☐ 505	李楠	2016-01-18	16082.7	人民币	运营成本－第三方成本－采购成本	无	现金	待签字
☐ 506	李楠	2016-01-18	671.2	人民币	运营成本－第三方成本－采购成本	无	现金	待签字
☐ 507	李楠	2016-01-18	2200	人民币	运营成本－第三方成本－采购成本	无	现金	待签字
☐ 513	杨晓菲	2016-02-02	1000	人民币	销售费用及管理费用－一般－职沟福利费	无	现金	待签字

签字

图8-20 审批报销和借款

工资一览表_201505_大阳城川港南希幼儿园.xls [兼容模式] - Microsoft Excel

公司名称：大阳城川港南希幼儿园

2015年5月工资发放一览表

填表时间：2015年6月14日

序号	员工编号	姓名	基本工资+补贴	加班费	项目奖金	勤工奖金	其他	奖金奖金	小计	社保+公积金个人部分			计税工资	扣个人所得税	农险金证基	实发工资	公司社保	公司负担
										养险	公险金金	公险金证基						
1	13005	张兰	3,000.30	-	-				3,000.00				3,000.00	-	-	3,000.00	936.396	5,141.396
2	13007	李四	3,500.30	-	-	705			4,205.00	309.32			3,896.68	-	-	3,896.68	936.396	5,560.396
3	14007	王五	2,000.00	-	-	942	318		2,604.00	309.32			2,314.68	-	-	2,314.68	936.396	5,211.396
4	14009	赵六	5,000.00	-	-	600	40		5,590.00				5,590.00	-	-	5,558.20		5,590.000
5	14010	刘七	1,900.80	-	-	761			2,661.00				2,661.00	-	-	2,661.00		2,661.000
6	14014	张白	2,300.80	-	-	1,332	40		3,592.00				3,592.00	-	-	3,599.24		3,592.000
7	14015	李晴	2,800.00	-	-		2的		4,980.00	309.32			2,490.68	1.80	-	4,280.68	936.396	3,736.396
8	14018	张霞	4,500.00	-	-	300	60		2,613.00	309.32			4,290.68	-	-	2,303.68	936.396	5,526.396
9	14020	刘鸣	2,500.00	-	-	173	48		2,613.00	309.32			2,303.68	2.76	-	2,303.68	936.396	3,549.396
10	14024	黄真	6,000.00	-	-	1,491			7,443.00				7,443.00	-	-	7,443.00		1,443.000
11	14025	黄成	2,000.00	-	-	955			4,275.00	309.32			2,645.68	-	-	2,645.68	936.396	3,091.396
12	14026	王娟	3,900.00	-	-	375			2,977.00	309.32			3,965.68	-	-	3,965.68	936.396	5,211.396
13	14028	孙丽	2,000.00	-	-	977			2,977.00	309.32			2,957.68	-	-	2,657.68	936.396	3,813.396
	合计		41,400.00			8,611	716		49,295.00	2,474.56			46,820.44	4.56	-	46,815.88	7,491.17	58,786.17

盖章

经理

总经理

图8-21 教职工工资单

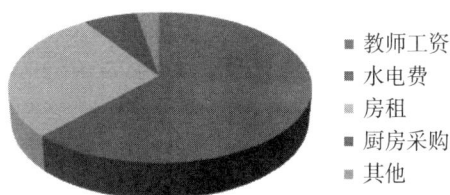

图8-22　轻松进行各种统计——为经营活动提供依据

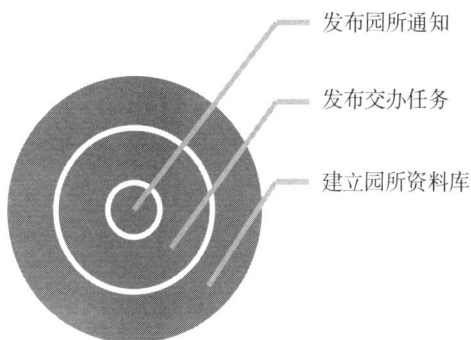

图8-23　在线办公

　　除了上述内容之外，园长还可以通过信息化手段进行在线办公，例如：发布园所通知、发布交办任务、建立园所资料库等等，彻底实现无纸化。

　　对杨艳园长来说，每天的工作都纷繁复杂，信息化所提供的一系列工具，是她平日工作的最好的帮手。一旦适应了信息化，再退回到没有信息化的日子，会变得不堪设想。

（五）投资人的一天

图8-24　了解园所运营数据

对投资人来说，信息化的手段让园所各种运营数据变得透明。幼儿出勤状况、招生状况、成本和支出的明细、学费收费的明细、人力资源状况……所有这一切，在办公室里或者随时随地，通过一个手机就可轻松掌握，工作变得如此云淡风轻！

通过领导辅助决策系统，还可以生成如表8-2所示的幼儿园月度收支报告，利润中心和成本中心数据在这个表格里体现得一目了然。

表8-2　幼儿园月度收支报告

	1月	2月	3月
销售额（元）			
<13002/CDNX:幼儿园招生运营>收入	319,283.00	204,100.00	832,615.00
销售额（元）	319,283.00	204,100.00	832,615.00
外包费用（元）			
儿童保险支出	0.00	490.00	7,800.00
外包劳务费	7,155.00	5,913.00	11,857.00
采购成本	49,386.20	6,186.79	104,403.40
外包费用合计（元）	56,541.20	12,589.79	124,060.40
业务收入（元）	262,741.80	191,510.21	708,554.60
各种费用（元）			
工资	145,058.81	130,752.55	140,761.50
代缴个人所得税	1,562.00	1,872.00	1,322.00
社会保险	31,744.69	30,529.74	34,301.39
公积金	0.00	0.00	0.00
其他销售费用及管理费用	0.00	0.00	0.00
厨房食材采买	36,354.70	25,421.00	41,640.80
差旅费	74.00	287.50	80.70
房产税	0.00	0.00	0.00
房屋租金或还贷	0.00	0.00	169,471.00
水电采暖费	0.00	9,504.00	8,032.00
活动举办费	0.00	0.00	6,737.00
燃料费	0.00	25,650.00	30,250.00
邮电费	0.00	250.00	250.00
费用合计（元）	214,794.20	224,266.79	432,846.39
毛利润（元）	47,947.60	-32,756.58	275,708.21

五、结束语——信息系统是身体，
标准化是灵魂

在上一节里，我们对一个智慧幼儿园的一天进行了完整的描述。表8-2这个表格，看起来很简单，但是通过整本书的阐述可以看出，在智慧幼儿园里，这个表格并非由会计手动录入得到，而是建立在对整个幼儿园的所有工作环节的过程管理的基础之上！也就是说，智慧幼儿园将追求结果分解到了管理过程，实际上，这才是幼儿园实施信息化的本质意义所在。那种认为所谓信息化就是导入了几个软件系统的想法，是错误的。

让我们再回到本书的第二章《幼儿园标准化》，在那里我们对标准化的三要素进行了详细介绍，它们分别是：规章制度、过程定义、标准化文件。将标准化的三要素逐步深化并且从线下搬到线上的过程，实际上就是幼儿园实现信息化的全过程！这个过程不可能是一蹴而就的，而是要根据幼儿园的具体状况，制定适合自身的信息化战略，然后一步步地有计划地进行实施，最终打造一个数字化智慧校园。

"打造智慧校园，信息系统是身体，标准化是灵魂！"让我们用这句话作为全书的总结。

附录

▼

用信息化手段助力
实现跨越围墙的
幼儿园经营

什么是跨越围墙的幼儿园经营？

　　民促法修正案，在为民办教育注入了新的发展动力的同时，也为教育行业投资人带来了挑战。一些大型教育集团呼之欲出，而一些小型的缺乏经营特色的教育机构则面临着被洗牌。

　　一个幼儿园，就好比一个相对封闭的组织，只要管好了这个组织的人、财、物以及招生运营就可以了。所以，传统意义上的幼儿园经营，是限定在"围墙"之内的。而在新的市场条件下，却出现了"跨越了围墙的幼儿园经营"这样一种需求。

　　简单地说，大型教育集团，短时间内要进行大量的并购和扩张，而如果按照传统的方法来管理并购幼儿园，由于师资、管理人员等方面的限制，一定会力不从心，这个时候就需要借助信息化的手段进行管理，例如师资培训、管理培训、师资派遣等等。

　　另外还有一种情况，就是大型的幼教集团，在课程标准化以及培训体系方面已经做得很好了，希望能够将自己的优质的标准化体系推广到自己的幼儿园之外。对投资人来说，这是一种轻模式的经营，会产生更大的附加价值。特别是在目前这种选址难、房租贵的市场条件下，这种轻模式的经营理念就显得越来越有吸引力。

　　需要说明的是，本章内容并非是讲单个幼儿园或者连锁幼儿园的智慧校园如何打造，而是写给教育行业投资人的，重点是要说明如何用信息化的手段来辅助"跨越了围墙的幼儿园经营"。篇幅较短，以期达到抛砖引玉的作用。

从师资系统到人才服务

信息化，为实现大批量的师资培训提供了一系列的工具和手段。如图P-1所示，教育机构可以打造自己的师资系统，包括线上授课、培训资料存储、专家互动、在线测评等等。

图P-1　师资系统的主要功能

1. 线上授课——讲师在线讲课，参与培训的人员通过手机、平板电脑等进行实时参与。

2. 培训资料存储——将机构的培训资料进行规范存储，相关人员可以随时随地进行学习。

3. 专家互动——在平台上以论坛的形式建立一个答疑区域，用户提出问题，专家进行答疑。

4. 在线测评——通过在线测评系统对培训的效果进行验证，在线测评系统通常基于一个事先建立起来的题库。

图P-2　在线资料库的例子

图P-2是一个在线资料库的例子，参与培训的人员，通过手机APP，可以随时随地进行学习，提高了培训效率。另外，举办集中培训的时候，也可以把专家的讲座资料通过这种方式进行存储和展示，这种服务不仅可以提供给当天到场的人，也可以提供给当天没有在会场的相关人员。

对师资培训来说，有两个核心价值，一个是讲师，一个是资料，信息化手段可以让这两个核心价值更加容易得到体现。

建立在师资系统之上的"人才服务"：

简历管理	招聘管理	线下招聘会

图P-3　在线招聘

有的教育集团，在当地与大学有良好的合作关系，这种情况可以通过信息化的手段搭建一个供需平台。学生在线提交简历、搜索用人单位，用人单位则更容易找到符合自己要求的学生。师资培训是一个方面，再加上这里所说的"人才服务"，可以让整个生态链更加完善。

教育内容输出——从B端市场做到C端市场

对幼儿园经营而言，教育内容是一个永恒的话题。在课程标准化上先行一步的教育机构，可以说在这点上占据了一定的先机。

在教育内容输出这一点上，我们谈"跨越了围墙的幼儿园经营"，有两个方面的含义。

第一，大型集团幼儿园，在并购扩张的同时，如果拥有一套标准化的课程体系，那么在进行整合的时候会事半功倍。借助信息化的手段，可以快速完成教师培训等相关工作。

第二，拥有了一套标准化的课程体系之后，也可以开始尝试对"围墙"之外的C端用户提供服务。与教育机构市场相比，这是一个更为广阔的市场。当然，笔者并不建议幼儿园投资人盲目进入这一领域，而是要打有准备之仗。在这一领域能否成功，取决于很多条件，其中知名度和品牌能否建立，无疑是十分重要的因素。